国家出版基金项目

毛泽东著作版本研究

周一平 主编

湘潭大学毛泽东思想研究中心 编

第一册

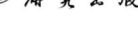

中国出版集团有限公司

研究出版社

图书在版编目（CIP）数据

毛泽东著作版本研究. 第一册 / 周一平主编. -- 北京：研究出版社，2025.5（2025.7重印）

ISBN 978-7-5199-1645-9

Ⅰ. ①毛… Ⅱ. ①周… Ⅲ. ①毛泽东著作 - 版本 - 研究 Ⅳ. ①A841

中国国家版本馆CIP数据核字（2024）第053960号

出 品 人：陈建军
出版统筹：丁　波
图书策划：寇颖丹
责任编辑：韩　笑

毛泽东著作版本研究　第一册

MAOZEDONG ZHUZUO BANBEN YANJIU DIYICE

周一平　主编

研究出版社 出版发行

（100006　北京市东城区灯市口大街100号华腾商务楼）

北京建宏印刷有限公司　新华书店经销

2025年5月第1版　2025年7月第2次印刷

开本：710毫米 × 1000毫米　1/16　印张：24

字数：406千字

ISBN 978-7-5199-1645-9　定价：106.00元

电话（010）64217619　64217652（发行部）

版权所有·侵权必究

凡购买本社图书，如有印制质量问题，我社负责调换。

学术活动留影

周一平、毛新宇在上海（1999年）

周一平、郑惠在北京郑惠家（1997年9月）

周一平、石仲泉在上海（2000年6月）

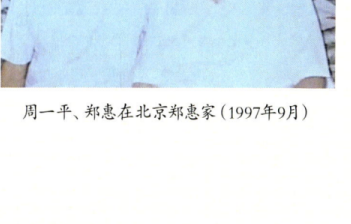

谢春涛、周一平在扬州（2004年11月）

曹前发、李捷、周一平在南京（2009年1月）

唐洲雁、周一平在寻乌（2003年11月）

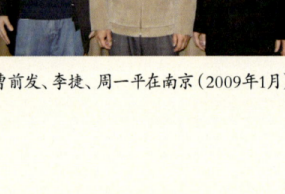

杨明伟、周一平在扬州（2014年7月）

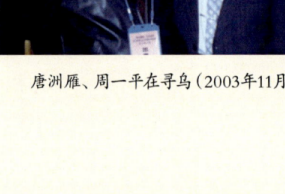

周一平、齐得平、张素华在上海（2017年12月）

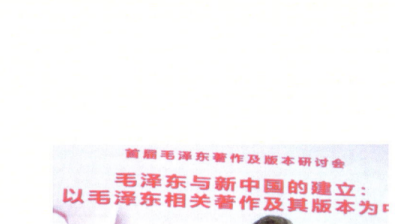

周一平、蒋建农在韶山（2019年7月）

许全兴、周一平在湘潭大学（2015年12月）

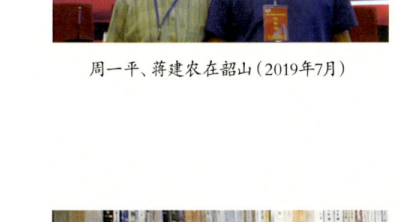

金春明、周一平在北京金春明家（1997年9月）

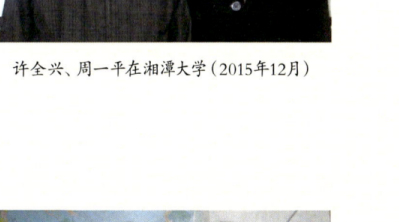

周一平、郑德荣在长春郑德荣家（2010年6月）

周一平、萧延中在上海（2017年12月）

高菊村、周一平在韶山毛泽东图书馆（2015年6月）

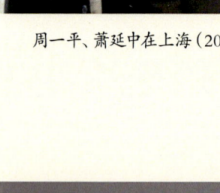

受聘为韶山毛泽东图书馆特约研究员（2017年9月）

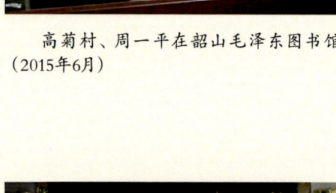

周一平、柏钦水在山东新泰毛泽东文献博物馆（2017年6月）

吴景鹏、周一平在北京吴景鹏家（2015年7月）

张迪杰、周一平在洛阳张迪杰毛泽东著作收藏室（2015年6月）

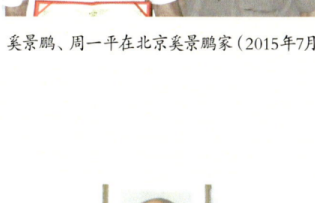

周一平、杨翔飞在郑州杨翔飞家（2015年6月）

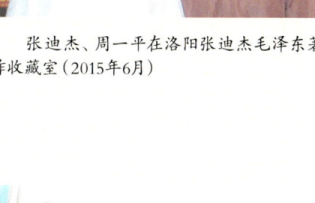

周一平、张曼玲在长沙（2015年9月）

周一平在长沙傅伯瑜创办的毛泽东纪念园（2015年9月）。照片中的轿车是毛泽东生前乘坐过的

周一平、王文隆在中国台北国民党党史馆（2014年12月）

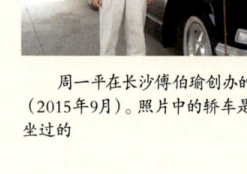

周一平、吕芳上在中国台北国史馆馆长办公室（2014年12月）

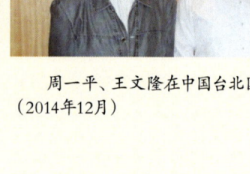

克思明、周一平、丁树范在中国台北政治大学国研中心图书馆（2014年12月）

周一平在中国台北台湾大学图书馆（2015年1月）

周一平在中国台北中研院傅斯年图书馆（2015年1月）

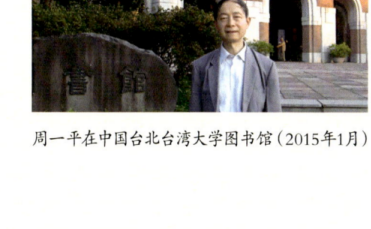

周一平在香港中文大学图书馆（2016年12月）

周一平在香港中文大学多媒体图书馆（2016年12月）

周一平在香港中文大学中国研究服务中心（2016年12月）

周一平在香港大学图书馆（2016年12月）

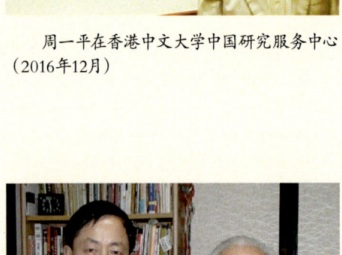

周一平、竹内实在日本京都竹内实家（2003年3月）
竹内实是《毛泽东集》《毛泽东集补卷》主编

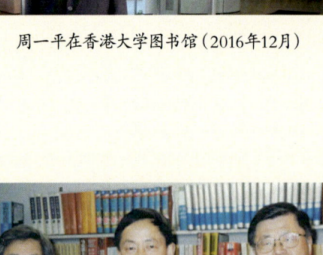

矢吹晋、周一平、村田忠禧在日本川崎村田忠禧家（2003年4月）
矢吹晋、村田忠禧参加了《毛泽东集》《毛泽东集补卷》编纂

田仲一成、斯波义信、周一平在日本东京东洋文库（2006年11月）

田仲一成（东京东洋文库收藏部主任），斯波义信（东京东洋文库理事长）

周一平、石川祯浩在上海（2017年12月）

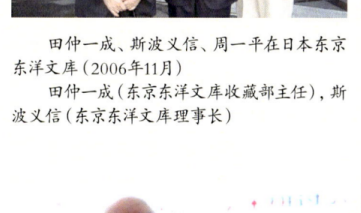

潘佐夫、周一平在上海（2019年6月）

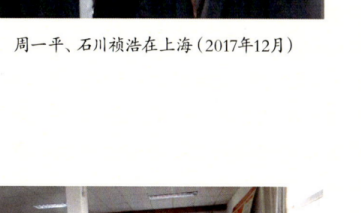

2018年6月25日在湘潭大学马克思主义学院图书馆与项目组成员对《毛泽东全集》拍照

序

毛泽东是领导中国人民彻底改变自己命运和国家面貌的一代伟人。无论在国家政治生活，还是在思想理论界、学术界，抑或在民间社会，毛泽东都具有广泛而深远的影响力。毛泽东的影响力，很重要地体现在他的著作影响力上。毛泽东的著作是马克思主义中国化的经典，是毛泽东思想的主要载体，是中国共产党、中华民族的宝贵遗产。

在当代，继承、发展毛泽东思想仍然是必修课。要继承、发展毛泽东思想，就需要学好毛泽东著作；要深入学好毛泽东著作、全面掌握毛泽东思想，就应全面、深入研究毛泽东著作的版本。研究毛泽东著作版本是毛泽东著作学术研究要走的第一步，任何学术研究走好走对第一步都十分重要。

"毛泽东著作版本研究丛书"的推出，旨在满足当前思想理论界对毛泽东著作深入解读的需求，大力推动毛泽东著作版本研究进一步发展。

本丛书组织的每篇毛泽东著作版本研究论文，基本上都以晋察冀日报社1944年版《毛泽东选集》、人民出版社1951年至1960年第1版《毛泽东选集》、人民出版社1991年第2版《毛泽东选集》等各种重要版本为基础，考察文本在政治和文化层面的意蕴，及其文字的各种细微变化、语境的历史变迁等，都分以下几个部分：1．写作背景、成文过程：详细讨论毛泽东论著的历史背景、写作与发表的具体过程。2．主旨、意义：探究毛泽东论著的主旨与历史意义、现实意义。3．版本综述：详述毛泽东论著1949年10月以前和以后的中文版、外文版及少数民族文字版，以及版本信息不详的版本。4．研究综述：详述对毛泽东论著的版本研究、思想内容研究等各方面研究的历史和现状。5．校勘与分析：对毛泽东论著不同版本的文字、标点等差异，分类进行深入的多视角的分析。6．对修改的思考：对校勘与分析中发现的毛泽东论著的重要修改，进行总结和思考。7．附录：校勘记，以表格形式，分栏显示两个或以上版本的文字、标点等的差异。8．参考文献：详列主要的版本文献、研究著作、研究论文等。

相信本丛书将有助于引导读者走好走对毛泽东著作学术研究的第一步，并成为研究毛泽东著作和毛泽东思想的重要工具。期待能够激发更多的讨论、研究。

主编 周一平

2025年5月1日

目录 CONTENTS

绪论 / 001

一、毛泽东著作版本研究的学术意蕴 / 001

二、毛泽东著作版本研究的对象 / 004

三、如何推进毛泽东著作版本研究 / 075

《中国社会各阶级的分析》版本研究 / 099

一、写作背景、成文过程 / 099

二、主旨、意义 / 103

三、版本综述 / 104

四、研究综述 / 107

五、校勘与分析 / 114

六、对《中国社会各阶级的分析》修改的思考 / 139

附录：人民出版社1951年《毛泽东选集》第一卷版、《中国青年》1926年第116、117期合刊版与《革命》半月刊1925年第四期版校勘记 / 141

参考文献 / 159

《中国的红色政权为什么能够存在?》版本研究 / 170

一、写作背景、成文过程 / 170

二、主旨、意义 / 173

三、版本综述 / 183

四、研究综述 / 188

五、校勘与分析 / 195

六、对《中国的红色政权为什么能够存在？》修改的思考 / 226

附录：人民出版社1951年《毛泽东选集》第一卷版、中共山东分局1945年编印《党的路线问题选集》第二册版与中共中央书记处1941年编印《六大以来选集》（上）版校勘记 / 230

参考文献 / 240

《井冈山的斗争》版本研究 / 260

一、写作背景、成文过程 / 260

二、主旨、意义 / 263

三、版本综述 / 269

四、研究综述 / 272

五、校勘与分析 / 282

六、对《井冈山的斗争》修改的思考 / 303

附录：人民出版社1951年《毛泽东选集》第一卷版与东北书店1948年《毛泽东选集》卷四版校勘记 / 305

参考文献 / 343

绪 论

一、毛泽东著作版本研究的学术意蕴

马克思主义理论研究的基础是研究马克思主义理论的著作，研究马克思主义理论著作的基础是搜集、研究马克思主义理论著作的版本。因为著作版本的变化，特别是著作的修改，是能反映作者思想的变化、发展的。要研究特定时期马克思主义经典作家的思想，必须以那个时期著作的版本为依据，而不能以后一个时期或另一个时期著作的版本为依据。不进行马克思主义理论著作的版本研究，研究马克思主义理论著作就不深入、不全面、有局限性。马克思主义理论著作的版本研究是马克思主义理论研究不可或缺的、不可忽视的、不可轻视的组成部分。马克思主义理论著作的版本研究可以推动马克思主义理论研究。因此，不能认为马克思主义理论著作的版本研究与马克思主义理论研究不相干。

研究中国的马克思主义理论著作，就要研究毛泽东的著作，研究毛泽东著作的基础是搜集、研究毛泽东著作的版本。毛泽东著作的不同版本，特别是著作中的修改，是能反映毛泽东的思想的变化、发展的①。要研究特定时期毛泽东的思想，必须以那个时期著作的版本为依据，而不能以后一个时期

① 比如，1945年5月2日《解放日报》发表的《论联合政府》，谈到了利用外资："为着发展工业，需要大批资本。从什么地方来呢？不外两方面：主要依靠中国人民自己积累资本，同时借助于外援。在服从中国法令、有益于中国经济的条件之下，外国投资是我们欢迎的……中国在得到一个巩固的国内和平与国际和平，得到一个彻底的政治改革与土地改革之后，能够蓬蓬勃勃地发展大规模的轻重工业与近代化的农业。在这个基础上，外国投资的容纳量是非常广大。"20世纪40年代的《论联合政府》版本，不少都有这一段话。但人民出版社1953年出版的《毛泽东选集》第三卷收入的《论联合政府》删除了这一段话。为什么毛泽东删除了这一段话？是不是1953年时对利用外资的看法发生了变化？这样的毛泽东著作的版本研究，显然可以推动对毛泽东的思想的研究。参见1999年11月30日《文汇报》《毛泽东50多年前就提出要利用外资》；方敏：《毛泽东对〈论联合政府〉的修改》，《史学月刊》2012年第7期；周一平：《中共党史版本学基本理论问题初探》，《党史研究与教学》2002年第1期。

或另一个时期著作的版本为依据。比如要研究大革命时期毛泽东对中国社会各阶级的认识，就必须以1925年版、1926年版的《中国社会各阶级的分析》为依据，而不能以人民出版社1951年版《毛泽东选集》收入的《中国社会各阶级的分析》为依据。

龚育之生前曾说："《中国社会各阶级的分析》、《湖南农民运动考察报告》，还有《星星之火，可以燎原》、《在延安文艺座谈会上的讲话》，如果出了汇校本，不但可以为历史研究者提供便利，而且可以使研究者明白修改的真相，客观地评论修改的得失，澄清关于修改的迷雾和胡乱的传言，我以为是值得做的。" ① 这里所说的"汇校本"，即把各种版本的不同之处——列出，——写成校勘记的版本研究著作。这里所说的"澄清关于修改的迷雾和胡乱的传言"，进一步说明了毛泽东著作版本研究的意义、价值：毛泽东著作版本研究可以"澄清关于修改的迷雾和胡乱的传言"，而这是全面、准确研究毛泽东著作，进而全面、准确研究毛泽东思想的基础。

毛泽东著作的版本研究是毛泽东思想研究不可或缺的、不可忽视的、不可轻视的组成部分。毛泽东著作的版本研究可以推动毛泽东思想研究。不能认为毛泽东著作的版本研究与毛泽东思想研究、与中国的马克思主义理论研究不相干。

研究中国的马克思主义理论著作，离不开研究毛泽东的著作，毛泽东著作的研究有很多分支学科、领域，是有很多视角的。

比如研究毛泽东的哲学思想、政治思想、军事思想、经济思想、法治思想、史学思想、文艺思想，等等，就是不同的学科、不同的领域。再比如研究毛泽东的哲学思想也有分支学科、领域，研究毛泽东的哲学思想理论与研究毛泽东的哲学思想史，就是不同的分支学科、领域。这些不同的分支学科、领域的研究，基础都是研究各种毛泽东著作，都离不开搜集、研究各种毛泽东著作的版本。

又比如研究各种毛泽东著作是怎么产生的，产生的背景、外因、内因；研究各种毛泽东著作的写作目的，写作、发表过程；研究各种毛泽东著作反

① 龚育之：《毛泽东文献编辑的文本选择》，《学习时报》2003年3月3日。

映的思想；研究各种毛泽东著作为什么版本众多、为什么影响大；研究各种毛泽东著作的历史意义、当代价值；研究各种毛泽东著作的写作技巧、语言艺术；研究各种毛泽东著作的版本异同；等等，就是不同视角的研究。这些不同视角的研究内容，不少就是各种毛泽东著作版本研究的内容。这些不同视角的研究要深入，都离不开各种毛泽东著作的版本研究。研究各种毛泽东著作的写作技巧、语言艺术，也必须建立在文字准确的版本的基础上。

毛泽东著作的研究有不同的领域、视角，研究的具体任务、目标，具体范围、对象就会有不同，研究的方法或者范式就会不同。

比如研究毛泽东的哲学思想、政治思想、军事思想、经济思想、法治思想、史学思想、文艺思想，研究的方法或者范式会有不同。研究毛泽东哲学思想的方法或者范式就不一定能用于研究毛泽东的经济思想；研究毛泽东经济思想的方法或者范式也不一定能用于研究毛泽东的哲学思想。就是研究毛泽东的哲学思想理论与研究毛泽东的哲学思想史、研究毛泽东哲学思想史研究史（史学史）的方法或者范式也不一定相同，毛泽东的哲学思想理论的研究，偏重于理论研究；毛泽东的哲学思想史、毛泽东哲学思想史研究史（史学史）的研究，偏重于（历）史的研究。

比如研究毛泽东著作的历史意义、当代价值，会偏重于理论的思考、分析、研究，偏重于宏观的思考、分析、研究。研究毛泽东著作的版本，会偏重于资料的思考、分析、研究，偏重于微观的思考、分析、研究。研究毛泽东著作的历史意义、当代价值，既可以运用新时代中国特色社会主义思想，也可以运用一些切实可行的西方理论、方法进行分析研究。研究毛泽东著作的版本，主要就是运用中国传统的校勘学、版本学的理论和方法。

这样的具体的研究方法或者范式不同，是研究领域不同、研究视角不同、研究对象不同决定的，是不以人的意志为转移的，是不能人为强求的。而各个分支学科、各个不同领域、各个不同视角的研究，只要在宏观上、在总体上用马克思主义的基本理论、基本方法作指导进行研究，用辩证唯物主义、历史唯物主义作指导进行研究，就符合马克思主义理论学科的要求、符合马克思主义理论的研究范式。

从学科的性质来看，毛泽东著作版本研究是毛泽东思想学科与版本学、校勘学相交叉、相结合的学科。毛泽东著作版本研究是毛泽东思想学科的一个分支学科（领域），也是版本学、校勘学学科的一个分支学科（领域）。毛泽东思想学科是马克思主义理论学科的分支学科，毛泽东著作版本研究自然是马克思主义理论学科的细分性分支学科。

从当前中国博士点、硕士点的学科分类与归属来看，毛泽东著作的版本研究，可以归属于马克思主义理论一级学科下的两个二级学科：马克思主义发展史；马克思主义中国化研究。

马克思主义发展史，包含中国马克思主义发展史；中国马克思主义发展史，包含毛泽东思想发展史；毛泽东思想发展史，包含毛泽东著作发展史；毛泽东著作发展史，包含毛泽东著作版本发展史。

马克思主义中国化研究，包含毛泽东思想研究；毛泽东思想研究，包含毛泽东著作研究；毛泽东著作研究，包含毛泽东著作版本研究。

从学科发展的前景来看，毛泽东著作版本研究是冷门学科，是以前研究较少的学科，是较有研究难度的学科，是要坐冷板凳的学科，也是研究空间大、研究前景广的学科。

龚育之认为，编纂毛泽东著作单篇的汇校本值得做，编纂1949年以前毛泽东全部著作的汇校本或校注本，更值得做，这将会需要很多人、需要很长时间（可能需要十年、二十年甚至更长时间，做的人多，时间会短一些）才能完成这项毛泽东著作版本研究的浩大工程。而要完成这一浩大工程，前期要做的工作也是一项浩大工程——《毛泽东著作版本合集》。这些学术工程都是造福世界学术界、造福未来学术界、造福社会的功德无量的学术事业。中国的学者责任重大，不能辜负了历史与世界的期望。

二、毛泽东著作版本研究的对象

毛泽东是中国的伟人，也是世界的伟人。毛泽东及其思想在中国现代历史中影响巨大，他的著作风靡中国乃至世界，版本极多，"洛阳纸贵"已无法形容。毛泽东著作版本研究的基本对象、内容，就是研究世上留存的毛泽东各种论著的各种版本，研究毛泽东论著及不同版本产生并涉及的各种（所有）问题，研究毛泽东论著不同版本外在与内在的异同的各种（所有）问题，研究毛泽东论著不同版本的文字与内容修改所反映并涉及的各种（所有）问题，等等。

（一）研究毛泽东著作各种类型版本

1. 载体（材质）不同

纸本。这是毛泽东论著版本的初始形式，也是主要形式。各种印刷本书的材质以纸为主。纸有麻纸、树皮纸、竹纸、草纸、木纸等。又有不同类型不同克数的纸，如书写纸^①、双胶纸^②、铜版纸^③、哑粉纸^④、灰底白板纸等^⑤。不同的纸本可以形成不同的版本。

电子本。随着数字技术、电子技术的发展，毛泽东论著的纸本逐步数字化、电子化，最终会实现毛泽东纸本论著的全部数字化、电子化。电子书主要载体是光盘、数据库等。不同的光盘、数据库等形成不同的版本。

录音、录像，载体主要是磁带、胶卷及光盘等。也是毛泽东论著版本的初始形式，但1949年10月以前，毛泽东录音、录像的资料极少。

毛泽东的题字、题词、语录等有木质等的牌匾，也有石碑等。

2. 制作方法、技术不同

（1）写本（手写本、手抄本^⑥）

毛泽东留存的手稿不少，有四万多件保存在中央档案馆，中国台湾的一些档案馆也有收藏，民间保存很少。

毛泽东著作的手抄本有不少。如毛泽东写的《井冈山前委对中央的报告》（1928年11月25日，即《井冈山的斗争》），曾抄写三份送达中央。现存两份，一份由湖南省委转中央（简称"湖南本"），另一份由江西省委转中央（简称"江西本"）。

手抄本《毛泽东选集》也有一些，韶山毛泽东图书馆等有收藏。而王家斗用毛体（仿毛泽东字体）抄写的《毛泽东选集手抄本》四卷，由北京西苑出版社2001年出版（见下图）。最初是一个写本，后又转化成印刷本。

---

① 书写纸有45～80克。

② 双胶纸有60～120克。

③ 铜版纸有200～350克。

④ 哑粉纸有80～350克。

⑤ 灰底白板纸有250～400克。

⑥ 手写本：手稿，作者原稿。抄本——人工抄写而成的书，他人抄写的书。

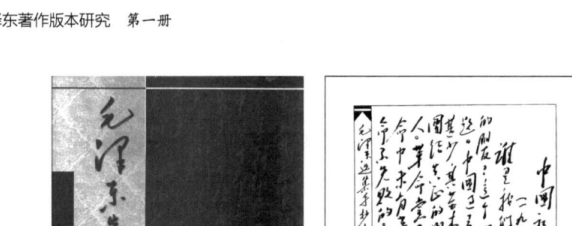

（2）印刷本

主要是油印本、铅印本、影印本等。油印本的毛泽东论著，1949年10月以前有一些，"文化大革命"时期有一些。

1949年10月以前的油印本，如：《辩证法唯物论（讲授提纲）》1937年油印本，有竖排、横排两种（见下图）。

绪 论

新四军胶东军区政治部1945年11月油印本《关于重庆谈判》（见下图）。

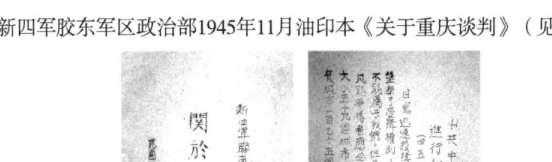

"文化大革命"时期油印本，如：《毛主席文选》，新师大革命造反系太阳升兵团工程兵纵队1967年联合编印（见下图）。

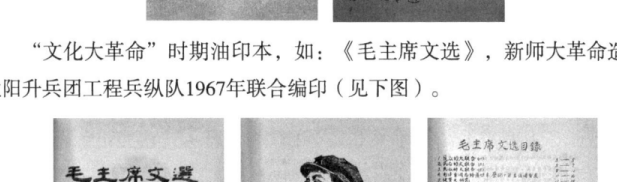

铅印本，有书、报刊本等，此类毛泽东论著版本最多，如解放社1938年7月初版的《论持久战》，《解放》1938年第43期—44期的《论持久战》（见下图）。

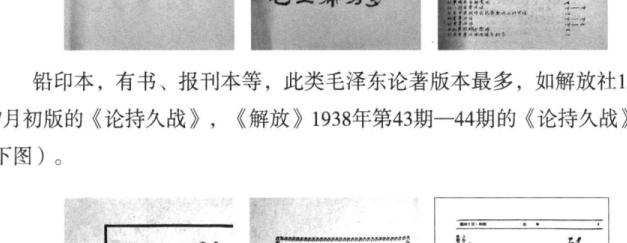

影印本，毛泽东手迹的影印本各地出版了不少，其中主要的是以下几种：中央档案馆编《毛泽东手书选集》16开（10册），北京出版社1993年版。其中文稿2册，书信2册，批注和札记2册，古诗词2册，自作诗词1册，题词题字1册（见下图）。

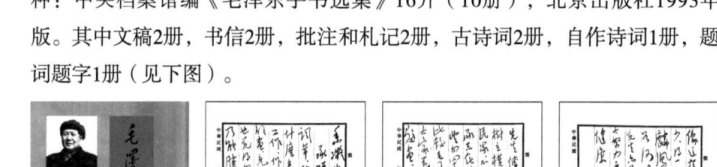

杨宪金等主编《毛泽东手书真迹》16开（3册），西苑出版社1998年版，上册（卷）手书古诗文、自作诗词，中册（卷）文稿、题词题字，下册（卷）书信。此书以后多次印刷和修订，内容、装帧、册数等也有变化（见下图）。

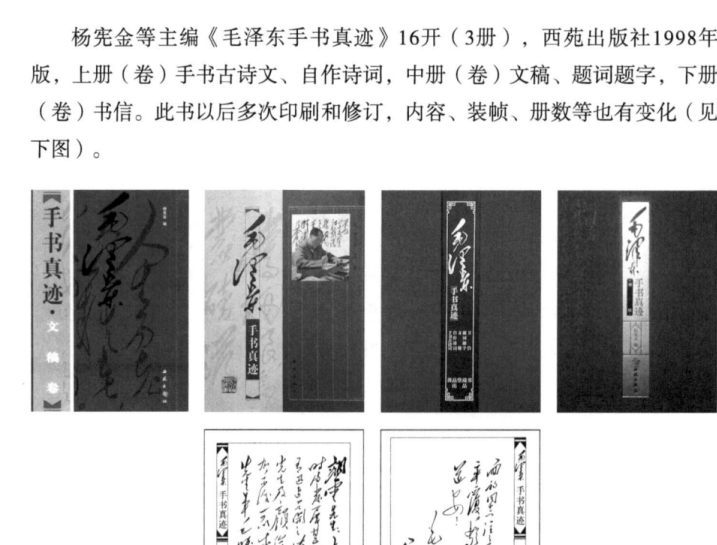

中央档案馆编《毛泽东手迹》8开，北京出版社2014年版。其为仿真影印本，内含文电书稿、书简信函、题词题字、自作诗词、古人诗词、批注札记各二册，六函装（见下图）。

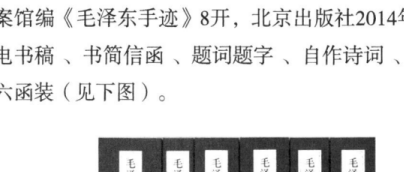

中国共产党或与中国共产党有关系的进步团体、组织主办的报刊，20世纪五六十年代就影印再版过，如《新青年》《向导》《红旗》《斗争》《红色中华》《新中华报》及延安《解放日报》等。21世纪以来，规模最大的影印再版是湘潭大学出版社2014年6月出版的428册16开《红藏：进步期刊总汇（1915—1949）》（见下图），影印了151种报刊，很多报刊是第一次影印再版，如《中国共产党党报》《中央政治通讯》《党的工作》等（其中收入了《红色中华》《新中华报》，没有收入延安《解放日报》《新华日报》）。这些报刊中发表或转载了毛泽东的文章、题词，也是毛泽东论著版本研究的重要资源。

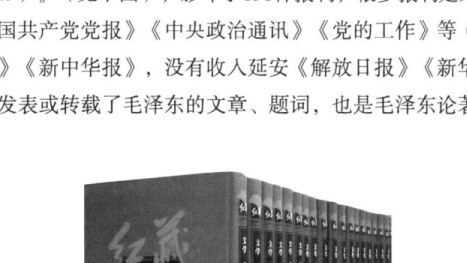

（3）用数字技术、计算机（各种软件）制作、扫描

超星数字图书馆、读秀学术搜索、爱如生、瀚文民国书库、中美百万册书数字图书馆、国学数典、民国文献大全、中共思想理论资源库、中国国家

图书馆民国图书数字化资源库、全国图书馆联盟、各高校图书馆的全文电子书库（如华东师大图书馆）等。青苹果数据中心、韶山毛泽东图书馆制作的《毛泽东文献》优盘电子书，2013年由中央文献出版社、北京联合出版有限责任公司联合出版，也是一种电子书。特别是韶山毛泽东图书馆2020年开通的毛泽东思想研究资料中心数字资源平台，收入毛泽东著作各种版本8000多册，1949年以前的毛泽东著作版本1500多种，1949年以前出版的《毛泽东选集》23种93册。这些数据库、电子书库等，大多为扫描本——镜像本，还不是文字化的文本，但为毛泽东著作的版本研究提供了便捷。

如中国国家图书馆民国图书数字化资源库有两个版本的《论持久战》可以全文查阅：《论持久战》，《前线丛书》之一，新华书店1942年1月1日再版；《论持久战》，新华书店晋察冀分店1945年10月版（见下图）。

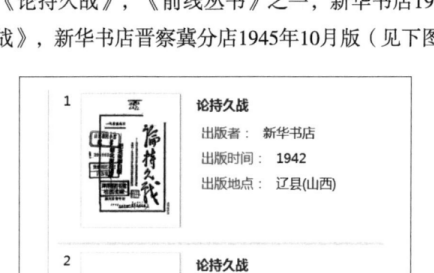

这两个版本的《论持久战》都是镜像本，只能在线阅览，不能下载图片，只能采取截图方式，而且不提供文献传递服务。国家图书馆民国图书数字化资源库还显示《论持久战》的相关资源，其中有：《论持久战》，新华日报馆1938年版；《论持久战》，新华日报馆1939年1月版；《论持久战》，大众出版社1939年1月版；《论持久战》，中国出版社1939年1月版（按：国家图书馆只标注"中国 1939.1"。实际上应是中国出版社1939年1月版）；《论持久战》，胶东联合社1942年4月印；《论持久战》，东北书店1947年版。

这里显示的资源，是国家图书馆馆藏的资源，只提供目录，不提供在线阅览。这些目录提供了《论持久战》版本的线索。如果检索北京图书馆善本组编《北京图书馆馆藏革命历史文献简目》（书目文献出版社1984年版），可知原北京图书馆现国家图书馆馆藏的《论持久战》版本有23种，每种都注明书号。

超星数字图书馆有两个版本的《论持久战》可以全文查阅：中国共产党晋察冀中央局编印的《毛泽东选集》卷四中收入的《论持久战》；兆麟书店出版的《论持久战》（见下图）。

读秀学术搜索可查阅的书多一些。就1949年10月以前的版本而言，读秀学术搜索有两个版本的《论持久战》可以全文查阅，这两个版本的《论持久战》与超星数字图书馆中的相同：中国共产党晋察冀中央局编印的《毛泽东选集》卷四中收入的《论持久战》；兆麟书店出版的《论持久战》。

此外，读秀还有可提供部分阅读、试读的版本，如：《论持久战》，译报图书部1938年9月4日版（按：读秀只标注出版日期"1938.09"，未标明出版单位。实际上是译报图书部1938年9月4日版）；《论持久战》，华社1939年1月初版（按：读秀标注"新华社，1939.01"。实际上应是华社1939年1月初版）；《论持久战》，东北印刷厂1947年6月印；《论持久战》，香港：新民主出版社1948年1月版；《抗日游击战争战略问题 论持久战》（合订本），太岳军区司令部1939年5月印^①（见下图）。

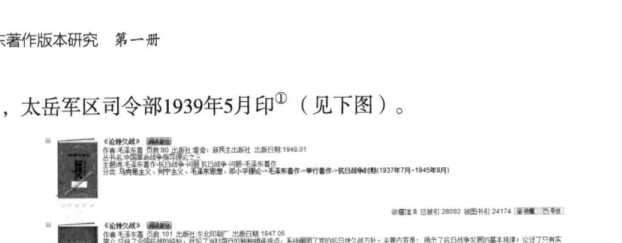

这些可以部分阅读的书通过"文献传递"可获得全文。超星、读秀的电子书都是镜像本，可以复制、下载图片，可以打印，线上阅览还可以进行文字识别、文字提取，只是竖排的文字、繁体字还不能识别，横排的简体字可以进行识别，准确率可达90%左右。

读秀还有一些不提供阅读，只列出书名的书，即只是存目，如：《论持久战》，解放社1938年版；《论持久战》，中国出版社1939年版；《论持久战》，胶东联合社1942年印；《论持久战》，新华书店晋察冀分店1945年版；《论持久战》，苏北新华书店1949年版；《论持久战》，华北大学1949年版；《论持久战》，辽东建国书社版（见下图）。

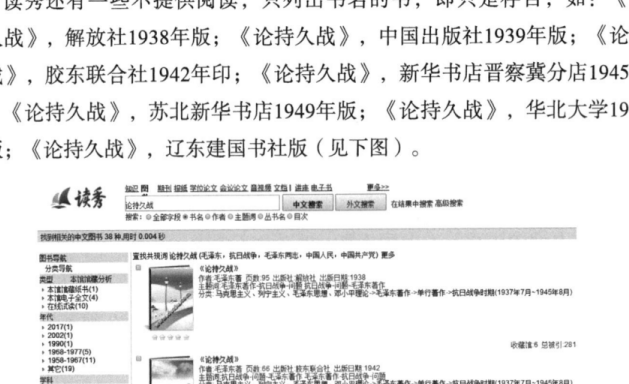

① 按：出版年月为读秀所题。未见版权页，出版年月可能有误。

这些存目虽看不到书，但提供了版本信息。

尽管《论持久战》的电子书还不是很多，但因为报刊本的《论持久战》电子版本已基本可以在网上查阅、下载，所以根据已可以获得的电子资料，已有研究《论持久战》版本的初步基础。

电子书提供了足不出户查阅资料的方便，但也有局限性。比如，有些书没有提供封面、内封、版权页，再如有些书有缺页。更加伤脑筋的是，电子书制作者标注的出版项是否准确，因没有提供版权页等，无法查核。这又给研究带来了不方便。此外，电子书的检索目录中版本项标错的情况不少见，还应注意查看书的版权页进行鉴别。如：超星、读秀上电子书《将革命进行到底——一九四九年新年献词》，都标"新华书局"，"1948.05"。超星没有提供内封、版权页等，读秀提供了内封、版权页，版权页署："出版者 新华书店"，"一九四九年五月初版"。内封题："新华书店出版"。显然，超星、读秀版本项都标错了（见下图），书名有"一九四九年新年献词"字样。

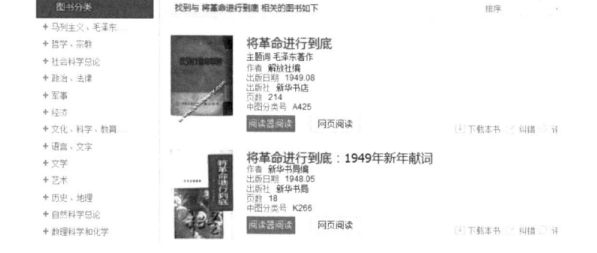

毛泽东著作版本研究 第一册

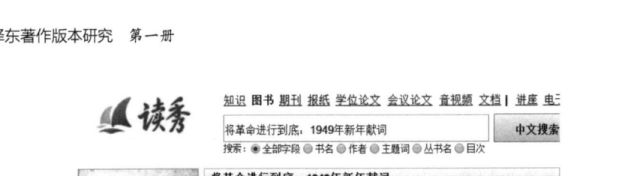

（4）仿制本

博物馆等较常用，展览中经常可以看到。中央档案馆编《毛泽东手迹》（8开，北京出版社2014年版），为仿真影印本，即仿制本。

（5）各种特别制作的毛泽东著作

伪装本：1949年10月以前，为了使毛泽东著作在国民党统治区、日本侵略军占领地区发行，印刷的毛泽东著作用了其他书名的封面进行伪装。如：《论持久战》《新民主主义论》《论新阶段》的封面为"文史通义"①（见下图）。

---

① 详见杨志伟：《中国共产党伪装书研究》，《中国国家博物馆馆刊》2017年第9期；刘跃进：《毛泽东著作版本导论》，北京燕山出版社1999年版，第281—284页；黄霞：《简述国家图书馆藏革命历史文献中的伪装本》，《文献》2003年第4期；奚景鹏：《关于以〈文史通义〉伪装的三本毛泽东著作的考证》，《党的文献》2004年第4期。

绪 论

奚景鹏藏的《论新阶段》的封面为"建国真旨"；晋察冀日报社1944年版平装本《毛泽东选集》的封面为"红楼梦考证拾遗"；《论联合政府》的封面为"和平奋斗救中国！"①。

封面"珠帘寨"，正文"目前形势和我们的任务"②（见下图）。

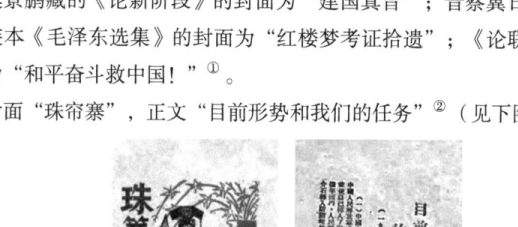

封面"春江秋月"，正文"毛主席在晋绥干部会议上的讲话第五节等"（见下图）。此书藏韶山毛泽东图书馆。

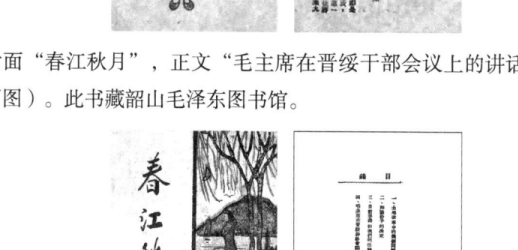

① 奚景鹏：《对八本伪装书刊的考证》，《北京党史》2008年第4期。
② 详见杨志伟：《中国共产党伪装书研究》，《中国国家博物馆馆刊》2017年第9期。

封面"满园春色"，正文"新民主主义论" ① （见下图）。

封面"美军登陆与中国前途"，正文"论联合政府"（见下图）。此书藏韶山毛泽东图书馆。

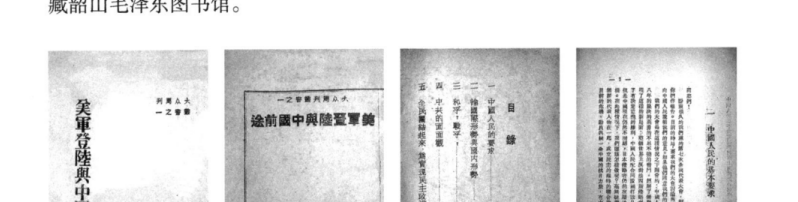

现在可见到的伪装本，基本上是铅印本。②

扑克本：与毛泽东论著有关的扑克本大概有三种：毛泽东手书真迹扑克、毛泽东诗词扑克、毛泽东语录扑克。

挂历本：毛泽东手书诗词真迹的挂历出版不少，2014年出版的挂历中还可以看到。

① 《广州发现毛泽东著作伪装本 贴言情封面(图)》，https://news.sina.com.cn/s/2007-07-22/143913502200.shtml，2007-07-22。

② 关于毛泽东著作的伪装本，还可以参见以下文献。周明等：《印行毛泽东著作伪装本的回忆》（《党的文献》1992年第1期）。李龙如：《湖南图书馆收藏的伪装本书刊》（《图书馆》2008年第6期）。李龙如：《形形色色的毛泽东著作伪装本》（《文史博览》2009年第2期）。蒙志军：《长沙发现〈新民主主义论〉珍贵伪装本》（《湖南日报》2011年6月18日）。中共中央文献研究室《党的文献》编辑部等：《党的文献是怎样编辑出版的》（中央文献出版社2006年版）中收入的张玉麟《关于以〈文史通义〉伪装的毛主席著作的一些回忆（节录）》等。

3. 装订形式不同

（1）线装本

这是中国传统的书籍装订形式。人民出版社1964年1月出版线装本《毛泽东选集》。人民出版社1965年10月又出版线装本（据1964年1月版线装本缩印）《毛泽东选集》。下图为线装书局2011出版的线装本《毛泽东选集》。

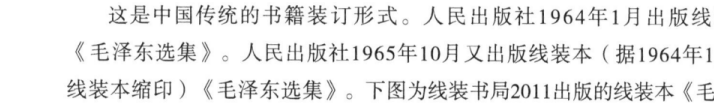

（2）平装本

《毛泽东选集》，晋察冀新华书店1944年5月版平装本（见下图）。

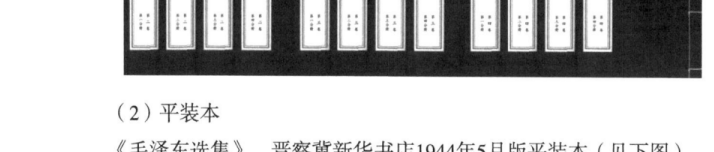

（3）硬壳精装本

《毛泽东选集》，晋察冀新华书店1944年5月版精装本（见下图）。

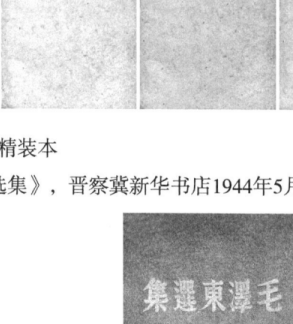

（4）塑料封皮本

塑料封皮《毛泽东选集》《毛主席语录》等1964年以后出现，"文化大革命"时期更多见。

人民出版社1965年6月印《毛泽东选集》，塑料封皮（见下图）。

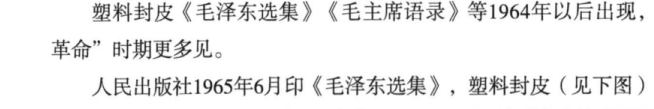

（5）含护套本

如"文化大革命"时期印刷的64开的《毛泽东选集》护套（见下图）。

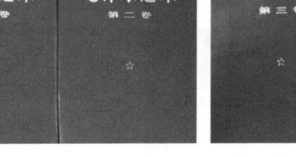

（6）典藏本

线装书局1998年12月出版的《毛泽东选集》线装典藏本1000套，不仅用四函装，还用木盒装全套四函（见下图）。

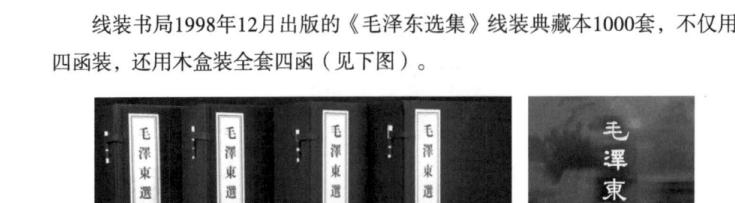

《毛泽东手迹》典藏本木盒装全套六函（见下图）。

《毛泽东手书真迹》豪华皮箱装（见下图）。

（7）卷轴装

多见于毛泽东诗词印本。

天津人民美术出版社1991年6月版《毛主席诗词·清平乐六盘山》卷轴（见下图）。

4. 开本不同

开本有：256开，128开，64开，大、小32开，25开，16开，8开……

人民出版社1969年2月版印羊皮面精装横排大字本《毛泽东选集》（16开）（见下图）。

"文化大革命"时期印的《毛泽东选集》有64开本，《毛主席语录》64开、128开、256开本都有。

人民出版社1964年4月第1版，1967年11月改横排袖珍本《毛泽东选集》（64开）（见下图）。

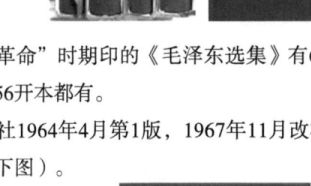

《毛主席语录》256开本（见下图）。

"文化大革命"时期印的256开本毛泽东著作（见下图）。

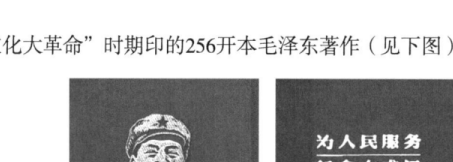

5. 版式不同

版式有：竖排、横排；天头地脚、左右加文字、图案、批语等；线装本《毛泽东选集》有版心、边框、行线等。

1949年10月以前出版的书大多为竖排本。线装本书大多为竖排本。人民出版社1951年至1960年出版的第一版《毛泽东选集》为竖排本。人民出版社1966年7月出版的《毛泽东选集》四卷本及《毛泽东选集》合订一卷本均为横排本。此后出版的毛泽东著作大多为横排本。

付建舟编《毛泽东诗词全集详注》（山西高校联合出版社1996年5月版）版式（见下图）。

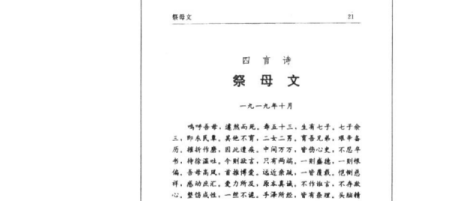

中共中央文献研究室编《毛泽东诗词集》（中央文献出版社1996年9月版）版式（见下图）。

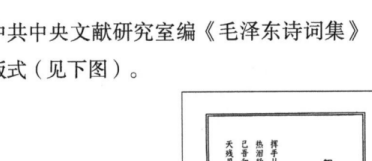

蔡清富等编著《毛泽东诗词大观》（四川人民出版社2007年4月版）版式（见下图）。

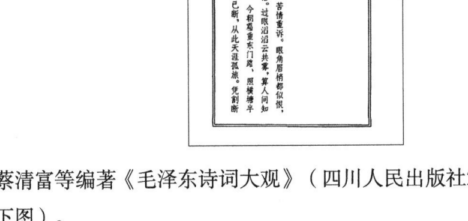

6. 文字、字体不同

其中含有：中文、少数民族文字，俄文、英文、法文、日文等外国文字。①

中文版有：繁体字本、简体字本、大字本。

1949年10月以前出版的书都是繁体字本。1956年中华人民共和国国务院通过文字简化的决议，简化字方案正式发布，此后出版的书陆续使用简体字。

① 本书主要探讨中文版毛泽东著作的版本研究，少数民族文、外文等毛泽东著作的版本不在本书研究范围内。

绪 论

人民出版社1951—1960年出版的第一版《毛泽东选集》为竖排繁体字（见下图）。

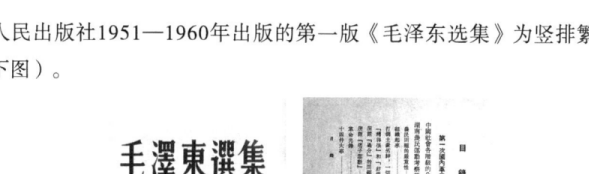

人民出版社1966年3月出版的一卷本《毛泽东选集》为竖排繁体字（见下图）。

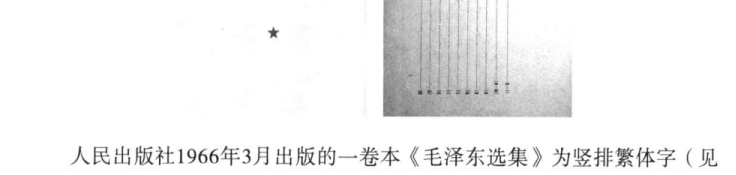

人民出版社1966年7月出版了一卷本和四卷本横排简体字《毛泽东选集》（见下图）。

人民出版社1991年6月出版的第二版《毛泽东选集》为横排简体字。书名为邓小平题写（见下图）。

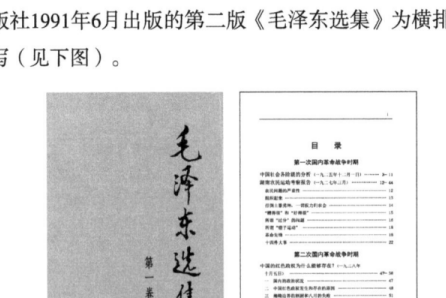

印刷本大多用宋体字，线装本有用仿宋体字。

"文化大革命"时期，印刷毛泽东著作大字本，使用牟体字（牟紫东设计）。毛泽东看了牟体字大字本书非常高兴，说："今后印书，都用这种字体。"①

牟体字大字本第一本毛泽东著作是《改造我们的学习》。1975年印刷的《改造我们的学习》大字本（见下图）。

7. 书的内含、内容不同

单行本——只含一种书的印本。

合印本——两种以上著作合印在一起的版本。

---

① 张默：《"牟体"标题字的创写者——牟紫东》，《新闻战线》1982年第4期。

文集、选集——多种论著汇编本。

丛书本——汇印多种著作而成的系列套书为丛书，丛书中的一种或一本，称丛书本。

序跋本——附有某人序跋的版本。无论单行本、合印本、文集本、选集本、丛书本，附有序跋，即为序跋本。

批注（校）本——附有某人题字、题词、批注的本。无论单行本、合印本、文集本、选集本、丛书本，附有批注，即为批注本。

以上各种版本的书还可分为：

初版本——第一次出版的版本。这类的毛泽东论著书很多。

修订本、增订本——修订、增订初版本原本文字、内容而成的新书。这类的毛泽东论著书也不少。

节录本——节选原本内容而成的书。毛泽东的论著被收入某种文献（文件）集中是节录本，这种情况不少。如东北民主联军总政治部1947年编印的《论革命战争》，收入的《论持久战》就是节录本。

残本——残缺不全的本子。

前面列举的《论持久战》就有单行本、合印本、文集本、选集本、丛书本等多种版本。

（1）丛书本

东北民主联军总政治部1947年编印的《干部教育丛书》有毛泽东《论中国革命》《论革命战争》《论宣传教育》等（见下图）。

其中《论中国革命》收入《中国共产党与中国革命》《五四运动》《湖南农民运动考察报告》《新民主主义论》《新民主主义的宪政》等。

《论革命战争》收入《战争与战略问题》、《中国革命战争的战略问题》《论持久战》（节录）、《抗日游击战争的战略问题》。

《论宣传教育》收入《农村调查序言》《改造我们的学习》《整顿学风党风文风》《反对党八股》《在延安文艺座谈会上的讲话》等。

（2）序跋本

《论查田运动》晋察冀新华书店1947年11月版，刘少奇序——序跋本（见下图）。

绪 论

美国合作出版社1945年7月出版的毛泽东《新民主主义论》（《合作丛书》第一种），卷首有白劳德1944年11月1日《译序》。此书为现在很罕见的序跋本（见下图）。

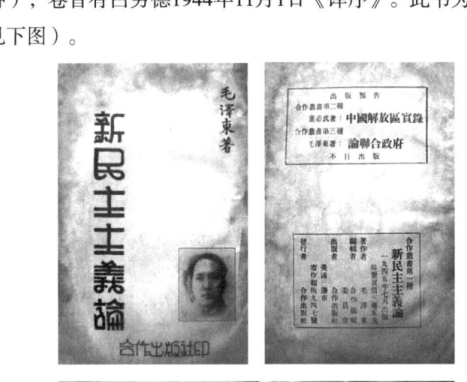

日本编译出版的毛泽东论著大多数书（卷）前或书（卷）后会附有说明。如日本《毛泽东选集》刊行会编译的《学习的改革：其他整风文献的重要论文》（日文），青木书店1955年3月15日初版，书尾就是"编译者あとがき"。也是序跋本的毛泽东著作（见下图，图片资料由村田忠禧教授提供）。

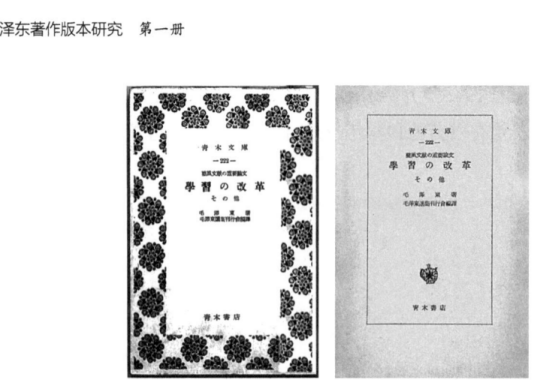

（3）批注（校）本

毛泽东1937年送给埃德加·斯诺^{①}的签名本著作。以下为日本矢吹晋教授提供的东洋文库所藏解放社1937年6月版《毛泽东同志在苏区党代表大会上的政治报告及结论》复制本的书影。

---

① 埃德加·斯诺（Edgar Snow）（1905—1972），美国密苏里州人。1928年来华后任欧美几家报社驻华记者和通讯员，即给自己起了一个中文名字：施乐，并一直使用。1936年6—10月，斯诺访问了陕甘宁边区，并对毛泽东等很多中共领导人进行了访谈，后写成*Red Star Over China*《红星照耀中国》，1937年出版。此书赞颂了中国共产党及其领袖毛泽东等人。当时中国共产党的文化人，为了便于此书中文版在中国发行，把书名译为《西行漫记》。此书出版后，风靡全中国，很多年轻人看了此书后，奔赴延安。

绪 论

英文版《毛主席语录》毛泽东签名本，是为斯特朗的英文版《毛主席语录》签名，现藏中国国家图书馆^①（见下图）。

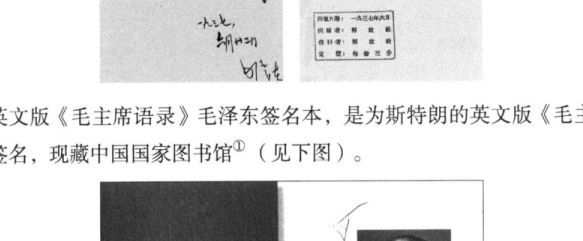

毛泽东对自己著作的批注，如对自己诗词批注。

《毛主席诗词十九首》，1958年7月人民文学出版社出版大32开本，1958年9月文物出版社出版16开线装本。以下为文物出版社版线装本（见下图）。

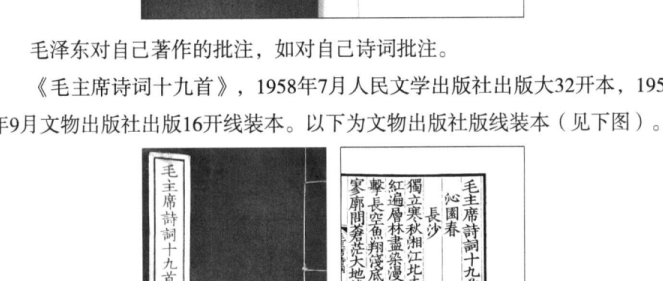

① 详见国家图书馆善本特藏部编：《国家图书馆藏珍贵革命历史文献图录》，北京图书馆出版社2001年版，第202—203页，并有毛泽东为斯特朗的英文版《毛主席语录》签名的照片。

1958年12月毛泽东在广州看到了文物出版社出的线装本，对全文作了一些批注。批注全文，"文化大革命"时期已见于一些油印本，北京师范学院中文系1978年6月编印的《毛主席诗词注解》（铅印本）就已收入。后批注全文排印本收入了《建国以来毛泽东文稿》第七册（中央文献出版社1992年8月版）第648—653页（见下图）。

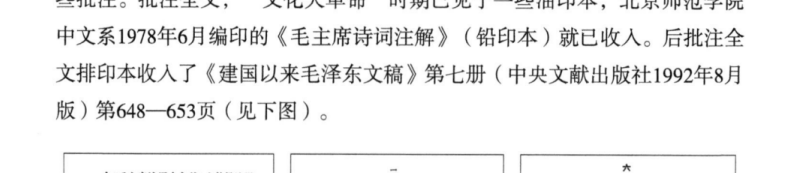

中国档案出版社等2009年出版了《毛泽东批注〈毛主席诗词十九首〉》（8开本），其中可以看到毛泽东批注《毛主席诗词十九首》的手迹（见下图）。

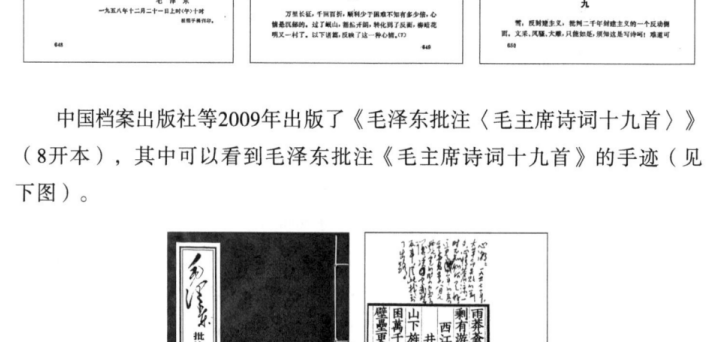

"文化大革命"时期，郭沫若对新北大印的《毛主席诗词注解》作过批注①（见下图）。

① 详见山东大学中文系《毛主席诗词》学习小组编：《毛主席诗词讲解汇编》，山东大学出版社1971年版，第386—387页。

绪 论

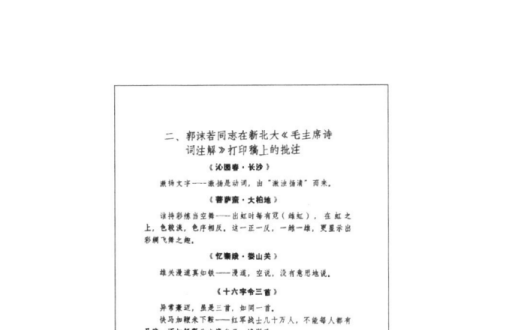

郭沫若的这个批注本不知现藏何处。

毛泽东在编辑《毛泽东选集》时对清样有批改。如对《中国的红色政权为什么能够存在？》的清样批改① （见下图）。

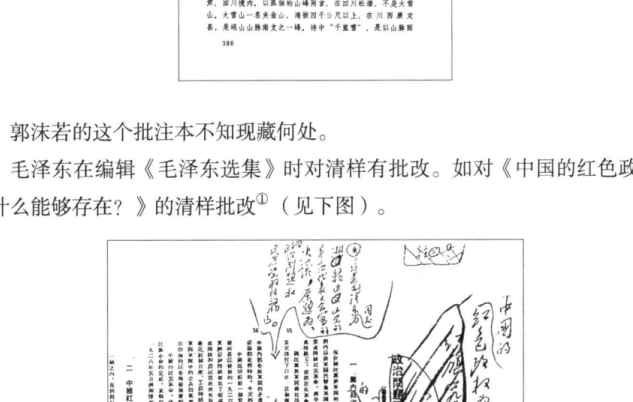

《在延安文艺座谈会上的讲话》第一版尹达题词本（见下图）。尹达参

① 载《党的文献》1993年第2期。

与了《在延安文艺座谈会上的讲话》的编辑、校对、出版的全过程，现藏中国国家图书馆① （见下图）。

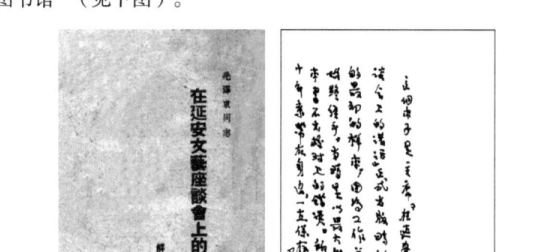

"文化大革命"时期油印本《毛泽东历年讲话》校改本（香港中文大学中国研究服务中心藏）（见下图）。

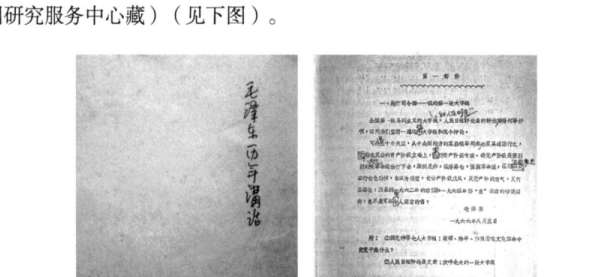

《毛泽东思想万岁！》（美国据日本《中央公论》1969年7月号翻印，录中国1967年4月本《毛泽东思想万岁》，香港中文大学中国研究服务中心藏）批注本（见下图）。

---

① 详见国家图书馆善本特藏部编：《国家图书馆藏珍贵革命历史文献图录》，北京图书馆出版社2001年版，第52—53页。

绪 论

毛泽东对他人书的批注本，较重要的是《毛泽东评点二十四史》，批注本的原本藏中央档案馆，现有影印本：中央档案馆整理《毛泽东评点二十四史》175册（大32开），中国档案出版社1996年5月版；中央档案馆整理《毛泽东评点二十四史》（缩印本）27册（16开），中国档案出版社1998年12月版；中央档案馆整理《毛泽东评点〈二十四史〉评文全本》5册，中国档案出版社2008年版等（见下图）。

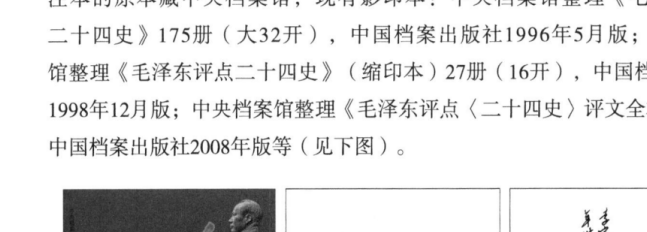

还有《毛泽东哲学批注集》，批注本的原本藏中央档案馆，中央文献出版社1988年出版的《毛泽东哲学批注集》，是排印本，不是影印本。卷首有2页毛泽东批注手稿照片（见下图）。

(4)修订本、增订本

修订本、增订本，会在文字、内容或篇目等多方面，对初版本进行修订、补充。如人民出版社1991年出版的《毛泽东选集》第二版，就是人民出版社1951—1960年出版的《毛泽东选集》第一版的修订本（版）及增订本（版），篇目增加了《反对本本主义》，正文、题解、注释等都有修订、补充。

其他如《目前形势和我们的任务》（标准本）为解放社编，新华书店1950年4月第2版，版权页注："本书根据解放社一九四九年标准本重印"。其中收入毛泽东《目前形势和我们的任务》等。"标准本"，实际是一种修订本，弥补了初版的不足（见下图）。

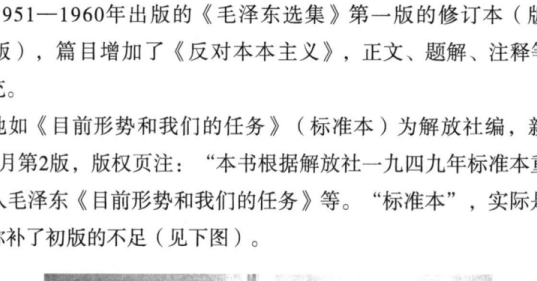

《整风文献》（增订本），新民主出版社1949年3月增订初版。其中收入毛泽东《整顿学风党风文风》《反对党八股》《〈农村调查〉序言二》《改

造我们的学习》等（见下图）。

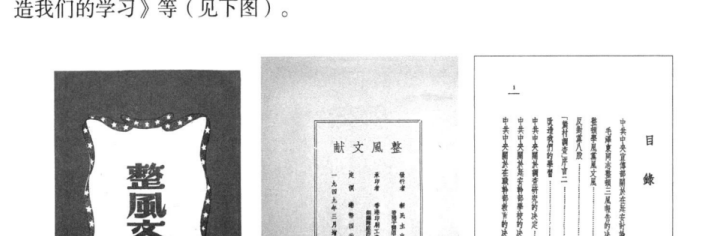

（5）残本

《论联合政府》油印残本。未见出版项，印刷单位、时间不明。从使用繁体字来判断，可能是1949年10月中华人民共和国成立以前或初期的印刷品（见下图）。

《论联合政府》内封、版权页残缺。从使用繁体字来判断，可能是1949年10月中华人民共和国成立以前或初期的印刷品（见下图）。

毛泽东著作版本研究 第一册

找到相同的书，有版权页，可知此书为中国出版社1946年2月版（见下图）。

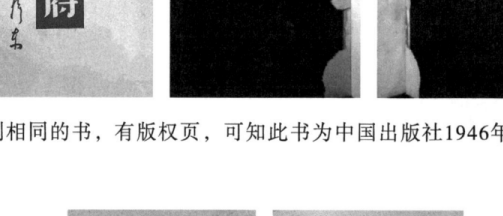

《新民主主义论》封面残缺，最后部分缺。从封面使用的毛泽东照片判断，可能是1949年10月以前的印刷品（见下图）。

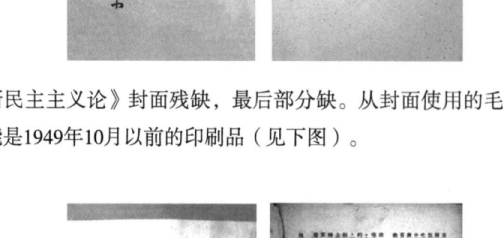

8. 流传情况和收藏价值不同

孤本、珍本、善本、通行本、常见本等。

毛泽东的手稿是孤本，其版本价值、研究价值、收藏价值都极高。

毛泽东最早的单行本著作，是1927年4月1日由中共汕头地方党和共青团组织主办的汕头书店出版的《中国社会各阶级的分析》和1927年4月由长江书店出版的《湖南农民革命》（即《湖南农民运动考察报告》），已很少见了，可视为珍本。

晋察冀新华书店1944年5月版精装本《毛泽东选集》，已不多见，版本价值、研究价值、收藏价值都很高。

"文化大革命"时期印的大字本毛泽东著作已很少见，物以稀为贵，收藏价值很高。

在不久的将来，毛泽东著作的收藏热可能会降温，但毛泽东著作的版本价值、研究价值会长期存在。

9. 编印者立场、观点不同

立场观点有：1949年10月以前中国共产党领导的区域、媒体，及中华人民共和国媒体，对毛泽东著作都进行正面宣传；1949年10月以前的民国政府、国民党及1949年10月以后的中国台湾媒体，对毛泽东著作进行反面宣传。如：《赤匪反动文件汇编》六册，第一、二册党务，第三、四、五册政治，第六册军事。这套书未署编者及年代，首为陈诚1935年5月序，次为1935年6月编者言，可知是1935年陈诚将获得的中共文件编纂而成（见下图）。

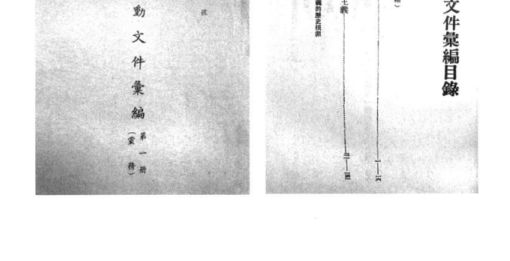

这是一套记叙性或论述性的书，在论说中国共产党各方面情况的同时，引录中国共产党的相关文件。如第三册说到查田运动，就引录毛泽东《中央政府关于查田运动的训令》《查田运动的初步总结》等。

胡乔木曾说过，毛泽东主持编《六大以来——党内秘密文件》（以下简称《六大以来》）、《六大以前——党的历史材料》（以下简称《六大以前》）等，曾从《赤匪反动文件汇编》中收集资料。①

《共匪反动文件汇编》，署"国防部新闻局编印"，未署年代。为资料书，辑录中国共产党各方面的文件。如《共匪反动文件汇编（文化教育）》（见下图），收入毛泽东《改造我们的学习》《反对党八股》等。《共匪反动文件汇编（社会运动）》，收入毛泽东《整顿学风党风文风》等。

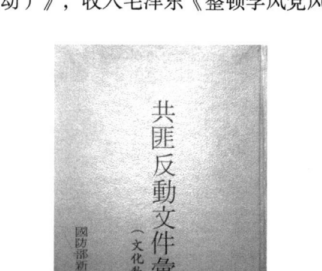

1948年6月国民党政府的中联出版社也编印了《共匪重要文件汇编》，为资料书，辑录中国共产党各方面的文件（见下图）。

---

① 胡乔木："国民党出于其反共需要在三十年代编辑了一套《赤匪反动文件汇编》，有五六本，收集了我党历史上大量的文件资料，这成了当时收集六大以来历史文献的主要途径。但从这个途径查找到的文献，特别是党的重要决议、命令、指示等，要看有没有被篡改，这个工作由毛主席亲自审核……"详见胡乔木：《胡乔木回忆毛泽东》，人民出版社1994年版，第177页。

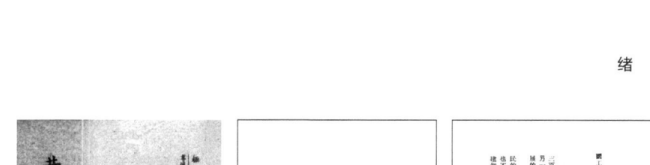

其中"土改整党类"收入了毛泽东《在晋绥干部会议上的讲话》等。

《共匪祸国史料汇编》①五册中的各册都收入毛泽东的文章，如第四册收入了《中国社会各阶级的分析》《湖南农民运动考察报告》等。

各种版本的毛泽东论著都是毛泽东著作传播、影响的反映，都有各种问题可以研究，甚至会有各种故事可以研究，都是毛泽东著作版本研究的对象，都有版本研究的价值，也会有历史、社会的研究价值，包括少数民族文字本、外文本等毛泽东论著在内。

（二）研究毛泽东论著的各种版本的内含

研究各种版本的内含、内容，如：封面（内封）、版权页、目录、正文、附录、序跋等；如：作者、时间、出版单位（发表报刊）、题名、章节（名）、段落、文字、标点等都要研究。特别要研究不同版本的文本变化、异同，研究作者的修改及其原因、意义、合理与否等。

以下几个方面的研究是应该引起重视的：

1. 确定作者

确定文本的作者是不是毛泽东。文本的作者不是毛泽东，自然就不能作为毛泽东的著作来编印、研究。

竹内实主编（监修）的日本版《毛泽东集》10册，日本北望社1970—1972年初版，苍苍社1983年修订版（以下简称"日《集》"）；《毛泽东集

---

① "台湾政治大学"国际关系研究中心编印，1961年版。

补卷》10册，日本苍苍社1983—1986年版（以下简称"日《补》"），收入1949年10月以前毛泽东文稿1136篇（以目录为据统计。有的一个目录内有多篇文稿，有的文稿被重复收入，有的文稿并非毛泽东文稿），其中约有111篇文稿有校勘记。一篇文稿校勘记，少者数条，最多的有千余条，校语字数，少者两字，多者数百字、上千字。这是毛泽东文稿编辑、出版史上，第一个对1949年10月以前毛泽东文稿进行了不同版本的校勘的集子，在某些方面还原了毛泽东文稿的最初面貌。一方面因为收入的1949年10月以前毛泽东的文稿比人民出版社1951—1960年出版的《毛泽东选集》四卷本多，另一方面因为进行了不同版本的校勘，所以，这套日本版的毛泽东集子，当时在世界学术界产生了很大影响。但这套书也有很多不足，比如，有些重要的毛泽东论著，已被收入人民出版社出版的《毛泽东选集》，日本的这套书却没有收入，如《战争和战略问题》等几篇就没有收入。而有些不是毛泽东的论著，日本的这套书却收入了。如日《集》初版第4卷收入了《中共中央关于反对敌人五次"围剿"的总结决议》，已被证实是张闻天起草的，这一点，编纂者后来注意到了，说明了这是张闻天起草的。但修订再版后，仍将此篇收入，就不妥。

又如日《集》第5卷收入了《关于目前政治形势与党的任务决议》（一九三五·一二·二五），查中共中央文献研究室《毛泽东年谱 1893—1949》（中央文献出版社2002年版，第497—498页）1935年记毛泽东12月17日参加瓦窑堡会议，23日作军事问题的报告，当天通过《中央关于军事战略问题的决议》（这个决议的前两部分收入了人民出版社1993年版《毛泽东文集》第一卷）。但没有记毛泽东作政治形势报告，也没有记毛泽东起草或参与起草《关于目前政治形势与党的任务决议》。起草《关于目前政治形势与党的任务决议》是件大事，如毛泽东参与起草，《毛泽东年谱 1893—1949》不会失记。编纂者后来注意到了这篇文稿是张闻天起草的，其中一部分已收入了《张闻天选集》[《毛泽东集补卷》第10册《毛泽东著作年表》（以下简称"日《毛著表》"）第109页]，所以初版时标题上没加"*"，修订再版后，标题上加了"*"。但既注意到这篇文稿是张闻天起草的，就不应再收入这篇文稿。

日《毛著表》第101页已注意到日《集》第4卷收入的《临时中央政府致

福建人民革命政府及人民革命军第二电》（一九三四·一·一三）收入了《周恩来统一战线文选》，并引其中的文字："这是代中华苏维埃临时中央政府主席毛泽东和中国工农红军总司令朱德起草的致福建人民政府及十九路军领导人李济深、陈枢铭、蒋光鼐（鼎）、蔡廷锴（锴）的电报"。但日《集》第4卷还是收入了。

如日《补》第5卷收入《陕甘宁边区政府暨八路军后方留守处致全国各界人士公函》（一九三八·六），文稿署名"陕甘宁边区政府主席林伯渠八路军后方留守处主任肖劲光"（第180页）。查《毛泽东年谱 1893—1949》等没有此事的记载。很难断定其是否为毛泽东的手笔。

如日《补》第1卷收入了《湖南建设问题条件商榷》，这篇文稿，中共中央文献研究室等编《毛泽东早期文稿》是作为《致黎锦熙的信》的附件收入的，毛泽东在信中并没有提到附件《湖南建设问题条件商榷》是自己起草的。从《湖南建设问题条件商榷》末尾所署联系地址、联系人"彭璜"来看，此文稿的起草者或主要起草者可能是彭璜，毛泽东大概参加了讨论，参加了拟稿（如李维汉回忆的）。此文稿作为附件收入毛泽东集子是可以的，而作为单独的文稿收入毛泽东集子，就未必妥当。且日《补》第9卷收入的《湖南改造促成会发起宣言》已将《湖南建设问题条件商榷》作为附件收入，重复收入也是不妥当的。

日《补》第8卷收入了《无可奈何的供状——评美国关于中国问题的白皮书》（一九四九·八·一二），查《毛泽东年谱 1893—1949》1949年8月12日记："新华社发表社论《无可奈何的供状——评美国关于中国问题的白皮书》。次日，毛泽东函告新华社社长胡乔木：'应利用白皮书做揭露帝国主义阴谋的宣传……'"大概是看了文章后有感，即写信给胡乔木，可从侧面说明，这篇文章不是毛泽东写的。再查《胡乔木文集》第一卷（人民出版社1992年版）第390页收入《无可奈何的供状——评美国关于中国问题的白皮书》，证明此文稿出自胡乔木之手。

日《集》第7卷收入了《国民党缺少什么》（一九四一·六·一七），查《毛泽东年谱》无任何记载，再查《胡乔木文集》第一卷第8页收入了《国民党缺少什么》，证明此文稿出自胡乔木之手。

日《集》第8卷收入了《精兵简政当前工作的中心环节》（一九四

二·八·二三），《毛泽东年谱 1893—1949》有相关的记载：1942年8月22日，毛泽东出席中共中央政治局会议，在发言中讲了精兵简政。但没有提到毛泽东起草了《精兵简政当前工作的中心环节》。再查《胡乔木文集》第一卷第85页收入了《精兵简政——当前工作的中心环节》，证明此文稿出胡乔木之手。

日《集》第10卷收入了《蒋介石元旦演说与政治协商会议》（一九四六·一·七），查《毛泽东年谱 1893—1949》无任何记载，再查《胡乔木文集》第一卷第165页收入了《蒋介石元旦演说与政治协商会议》，证明此文稿出自胡乔木之手。

日《集》第10卷收入了《驳蒋介石》（一九四六·四·六），《毛泽东年谱 1893—1949》1946年4月7日记载：毛泽东为中共中央起草致重庆中共代表团电，同时又电告各中央局，要求发表、散发《驳蒋介石》。同日，延安《解放日报》发表《驳蒋介石》。但没有说《驳蒋介石》是毛泽东起草的。再查《胡乔木文集》第一卷第237页收入了《驳蒋介石》，证明此文稿出自胡乔木之手。

有些毛泽东审定的文件，并不一定是毛泽东起草的，有的文件并非毛泽东起草，只是毛泽东加写了一些话，把这些文件完全作为毛泽东的文稿并不是妥当的。如日《补》第7卷第113页收人的《中国共产党中央委员会关于各抗日根据地目前妇女工作方针的决定》（1943年2月26日），是从人民出版社1979年3月版《中国妇女运动重要文献》中辑录的，原文件并未署毛泽东的名。《毛泽东文集》第三卷收入《妇女工作者应参加经济工作》（1943年2月），为"妇女工作者本身必须学得农村经济知识……那些浮在上层，空闲无事，不以为耻，反以为荣的观点是完全错误的"，共120余字。这是根据毛泽东手稿刊印，编者注："这是毛泽东在审阅《中共中央关于各抗日根据地目前妇女工作方针的决定》稿时加写的一段话"（第8页）。从《中国妇女运动重要文献》中所附此文稿的原件来看，原文不是毛泽东的手迹，而是由毛泽东做了些修改。此文稿1400余字，其中毛泽东修改的有200字左右。把这一文件完全作为毛泽东的文稿收入毛泽东集子，并不妥当，还是如《毛泽东文集》第三卷只收毛泽东亲笔写的这一段，比较严谨。

如日《补》第7卷第15页收入的《新四军事变后的各方动态》，是从中共中央党校出版社1982年1月版《皖南事变（资料选辑）》中辑录的，《皖南事变（资料选辑）》编者注："本文无发文单位，原件经过毛泽东、任弼时亲笔修改"（日《补》第7卷第18页）。查《毛泽东年谱 1893—1949》1941年2月7日记：毛泽东在准备发给共产国际的《新四军事变后的各方动态》上加写两段话……此文稿共八点，毛泽东加写的是第五、八点。全文2400字左右，毛泽东加写的为320字左右。把这一文件完全作为毛泽东的文稿收入毛泽东集子，不妥当。

如日《集》第9卷117页收入的《延安权威人士评国共谈判欲挽救目前时局的危机必须改组政府及统帅部》，是从1944年9月20日《解放日报》中辑录的，原文并没有署毛泽东名。《毛泽东文集》第三卷收入《驳国民党政府提示案》，共600字左右，是根据中央档案馆保存的原件刊印的，"这是毛泽东审阅新华社九月十九日电讯稿《延安权威人士评国共谈判》时作了大量重要改写的一段话"（第212页）。即1944年9月20日《解放日报》发表的2300余字的文章，其中600字是毛泽东改写的，其他文字并非毛泽东所写。这样把这一篇文章完全作为毛泽东的文稿收入毛泽东集子，并不妥当，还是如《毛泽东文集》第三卷只收毛泽东亲笔改写的这一段，比较严谨（日《补》第10卷日《毛著表》认为日《集》第9卷此文稿的标题"*"可"删除"，即确认此文稿完全是毛泽东所写）。

日《集》第10卷收入的《关于一九三三年两个文件的决定》，毛泽东也只是加写了文字，加写的文字是决定的前面一部分^①，全文并不是毛泽东写的。将此决定收入不太妥当。

毛泽东修改的文稿，完全作为毛泽东的文稿是不妥当的，把这些文稿收入毛泽东的集子是不妥当的。没有署名"毛泽东"的文本，是不是毛泽东的论著务必从严从细查考。有的署名"毛泽东"的文本，也不一定就是毛泽东所写，这也务必注意。

《解放》1938年第31期刊登《毛泽东的谈话》，编者按：延安《新中华报》记者其光以近来报章上关于"一党专政"的一些说法，征询毛泽东的意见，毛泽东作了详细答复。以后很多报刊转载，有的题为《毛泽东先生与延

① 详见顾龙生：《毛泽东经济年谱》，中共中央党校出版社1993年版，第242页。

安新中华报记者其光先生的谈话》（如《新华日报》1938年2月9日，《战地通信》1938年第17期等，见下图），有的题为《毛泽东先生与延安新中华报记者的谈话》（如《团结周报》1938年第14期等，见下图）。

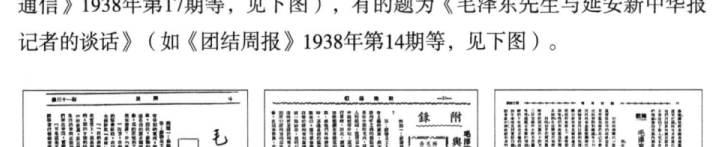

有的出版社出版了单行本《毛泽东先生与延安新中华报记者其光先生的谈话》（汉口统一出版社1938年版、辽东出版社1938年版等）。新华日报馆1939年版《毛泽东救国言论选集》、苏中出版社1945年7月版《毛泽东选集》等也都收入此篇谈话（见下图）。

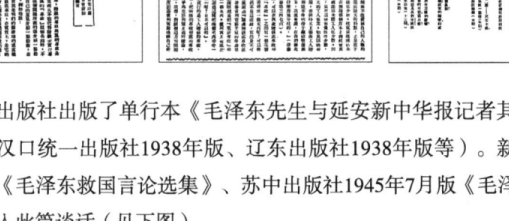

以后日版《毛泽东集》第5卷［日本苍苍社1983年第2版，题为《与延安新中华报记者谈话（论一党专政）》］、《毛泽东全集》第11卷（润东出版社2013年版，题为《论一党专政》）等也都收入此篇谈话。中共中央文献研究室等编《建党以来重要文献选编》第十五册（中央文献出版社2011年版，

题为《毛泽东同〈新中华报〉记者其光的谈话》），中共中央文献研究室等编《毛泽东新闻作品集》（新华出版社2014年版，题为《同〈新中华报〉记者其光的谈话》），也以毛泽东的著作收入此篇谈话。

实际上毛泽东并没有与《新中华报》记者其光谈过话，此事完全子虚乌有。这篇文章是王明在武汉以毛泽东的名义写的，而且发表之前未征得毛泽东同意，毛泽东也未看过。1938年2月9日，王明等致电中央书记处解释："关于一个党一个主义问题，已成街谈巷议之资料，对于这一切问题，我们已到不能不答复之机会。我们决定，对于党和主义问题，用泽东名义发表一篇2月2日与延安新中华报记者其光的谈话，此稿由绍禹起草，……所以用毛泽东名义发表者，一方面使威信更大，另方面避免此地负责同志立即与国民党起正面冲突，不过因时间仓促及文长约万字，不及事先征求泽东及书记处审阅，请原谅。"^{①}

此篇谈话，胡乔木早就指出，1952年再版《六大以来》时被毛泽东删除，"因为这不是毛主席本人写的，而是王明在武汉以毛主席名义写的"^{②}。此篇以毛泽东谈话为题名的文章被毛泽东删除，即是被毛泽东否定是自己的文章，收入毛泽东的集子是不妥当的。

《基础战术》，据奚景鹏说，至少有三种版本，延安少年先锋社版、西安少年先锋社版、汉口自强出版社1938年3月版，其中前两个版本没有版权页，没有署名作者是谁，只有汉口自强出版社1938年3月版有版权页，版权页印有"讲述者毛泽东"（见下图）。

---

① 《王明的文章为何被编入〈毛选〉》，《江淮文史》1994年第1期。《江淮文史》此文转摘自《展望》1993年10月4日，没有署作者名。

② 胡乔木：《胡乔木回忆毛泽东》，人民出版社1994年版，第181页。《党的文献》编辑部等编：《党的文献是怎样编辑出版的？》，中央文献出版社2006年版，第511页。

毛泽东著作版本研究 第一册

施拉姆曾问龚育之《基础战术》是不是毛泽东所写，龚育之说："我们认为没有根据判定它是毛泽东写的或讲的，从内容和文字看，都不是毛泽东著作。"施拉姆说："其中说战俘应杀掉，这不像毛泽东的思想。我译过这篇文章，认为是毛泽东写的，这可能是我的错误。我见到的版本中，延安抗大出版社的版本，没有写是毛泽东著的，汉口的版本说是毛泽东讲述的。我看到有的书目上也说是毛泽东著的。"龚育之说："这些书目都是未经考订的。"施拉姆说："东京的一些专家也认为《基础战术》不是毛泽东写的。"①奚景鹏《〈基础战术〉不是毛泽东著作》（《出版史料》2006年第4期）进一步从多方面考证了《基础战术》不是毛泽东著作。

施金炎主编《毛泽东著作版本述录与考订》（海南国际新闻出版中心1995年版）等把《基础战术》作为毛泽东的著作，张迪杰主编《毛泽东全集》第11卷（润东出版社2013年版）收入《基础战术》，是不妥当的。2020

① 龚育之：《关于〈毛泽东选集〉的版本等问题同施拉姆教授的谈话》，《马克思主义研究》1984年第3期。

年第1期《毛泽东研究》还在发表于景森《〈基础战术〉与毛泽东战术思想探析》，也是不妥当的。

黎之《毛泽东诗词的传抄、发表和出版》（《新文学史料》2006年第3期）谈到了毛泽东诗词的造假，这也是毛泽东著作的造假，或者说把不是毛泽东的诗词说成是毛泽东的诗词。

2. 判定版本

研究毛泽东著作的版本，首先要确定书的出版单位、出版时间。关于书的出版单位、出版时间，有的书在封面、内封上标明，有的书在版权页上标明，这样书的出版单位、出版时间就很明确，很容易确定。但有的书封面（内封）、版权页上标明出版单位、出版时间不一致，怎么办？一般来说，应该以版权页为准。版权页文字是书的出版项（版本项）的正式、规范、具体的说明。

毛泽东著、何其昌编《抗战必胜论》，由华光出版社出版，封面没有署时间，内封署"1938"，版权页署"民国二十六年十二月初版"，以版权页为准，出版时间为1937年12月（见下图）。

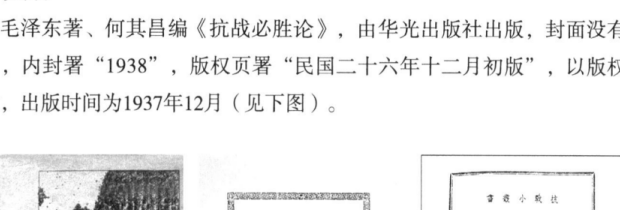

《论联合政府》，由解放社出版，太岳新华书店印行，内封署"1949.1"，封底版权页署"一九四九年三月新版"，以版权页为准，出版时间为1949年3月（见下图）。

毛泽东著作版本研究 第一册

《论联合政府》，封面、内封都署"云南人民日报文化部印行"。版权页题："出版者人民日报文化部"，以版权页为准，出版者为人民日报文化部（见下图）。

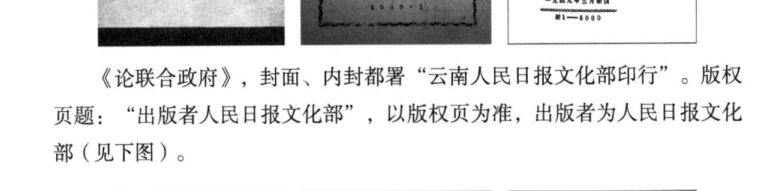

《论联合政府》，封面署"新华书店发行"。版权页"出版者""发行者"都题"华北新华书店"。以版权页为准，出版者为华北新华书店（见下图）。

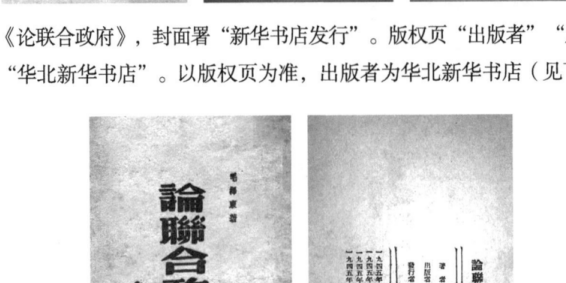

封面的题名为"相持阶段中的形势和任务"，版权页的题名为"相持阶段中的形势与任务"，正文的题名为"相持阶段中的形势与任务"，此书的题名应为"相持阶段中的形势与任务"（见下图）。

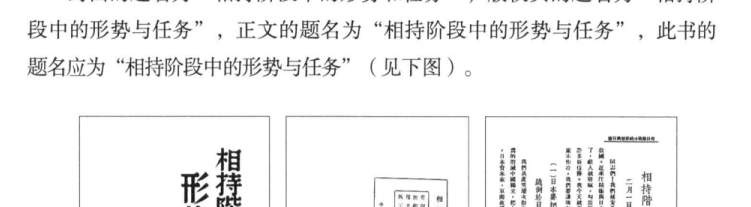

要注意，版权页的记述也有不准确的。如人民出版社1953年出版的《毛泽东选集》第三卷的版权页标注的出版时间和版次，就出现了些混淆现象。《毛泽东选集》第三卷由人民出版社1953年2月出版（见下图）。

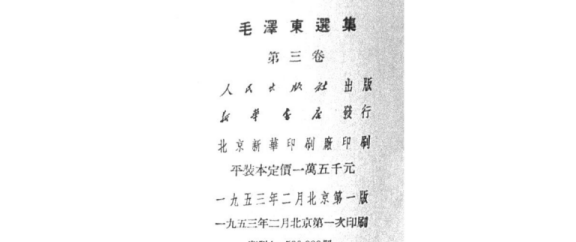

第一批为150万册，1953年4月10日起在大城市及交通便利的中、小城市的新华书店同时发行。第二批为60万册，1953年下半年在边远地区及交通不便的城市发行。① 在第二版印刷时，书进行了重排，这样有的书的版权页

---

① 详见《毛泽东选集第三卷出版》，《人民日报》1953年4月10日。

毛泽东著作版本研究 第一册

署："1953年2月北京第1版 1953年5月北京重排本 1964年9月北京第11次印刷"（见下图）。

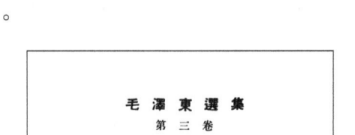

因为重新排了版，署"第二版"也可以，所以北京新华印刷厂印的书有的署："一九五三年二月北京第一版 一九五三年五月北京第二版 一九五八年八月北京第六次印刷"。其他地方有的署："一九五三年二月北京第一版 一九五三年五月北京第二版 一九五三年七月上海第二次印刷"（见下图）。

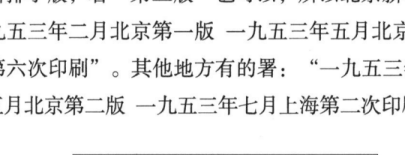

这些版权页的标注都是正确的。但一些会引起歧义的版权页的标注也出现了。如中国人民解放军第一二〇一工厂印的书，署："根据1953年5月第1版重排本 1966年7月改横排本 1967年第1次印刷"（见下图）。

绪 论

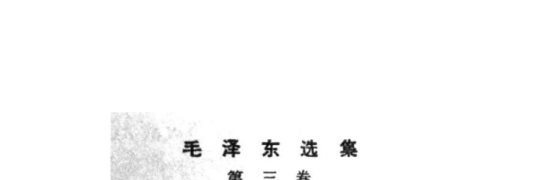

山西印刷厂印的书，署："根据1953年5月第1版重排本 1966年7月改横排本 1967年4月山西第2次印刷" ① （见下图）。

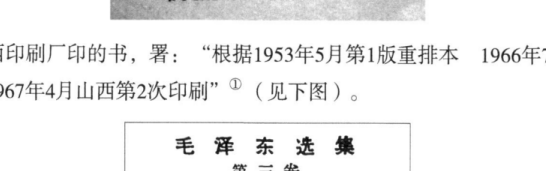

这里的"1953年5月北京第1版重排本"，如理解为1953年5月根据北京第1版做的重排本，就不算错。但这样的署法容易产生歧义，即把"1953年5月北京第1版重排本"理解为1953年5月北京第1版的重排本，于是就导致有"1953年5月北京第1版"的误解。如有些《毛泽东选集》第三卷的版权页署："根据1953年5月北京第1版重印 1966年10月郑州第2次印刷"；"根据1953年5月北京第1版重印 1966年10月长春第6次印刷"等（见下图）。

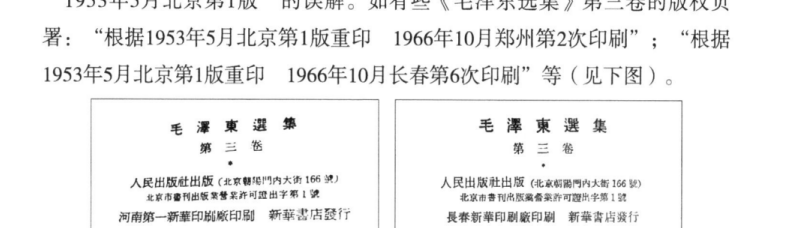

① 按：这里的"1953年5月第1版重排本"，漏"北京"二字，是疏忽。

出现"根据1953年5月北京第1版重印"的署法，就是误解了"1953年5月北京第1版重排本"所致。1953年5月的版次是第2版或第1版重排版，不是第1版。《毛泽东选集》第三卷没有1953年5月北京第1版。至于施金炎主编的《毛泽东著作版本述录与考订》说，《毛泽东选集》第三卷（第1版）是1953年12月出版①，就更错得离谱了。

没有版权页的书，出版时间不详，可从各方面做些研究、推断。如购书者署了购书时间，那么书的出版必在购书之前。

《中国革命战争的战略问题》，只有封面，没有版权页，封面署"华中新华书店出版"，出版时间不详。购书者在目录页题："四九.二.八于淮阴"。即1949年2月8日购于淮阴，此书当出版于1949年2月以前（见下图）。

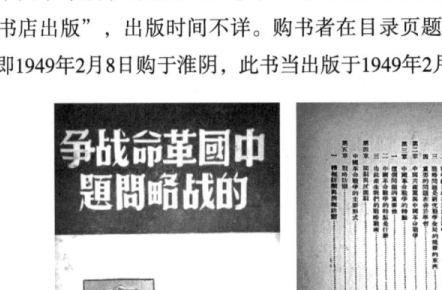

《论人民民主专政》，只有封面，没有版权页，封面署"西北新华书店延安总分店印行"，出版时间不详，购书者署"1950.8.29置"，即1950年8月29日购，此书应在1950年8月29日前出版。也有可能在1950年以前出版（见下图）。

---

① 施金炎主编：《毛泽东著作版本述录与考订》，海南国际新闻出版中心1995年版，第63页。

绪 论

《中国革命与中国共产党》，只有封面，没有版权页，封面署"新洛阳报印刷厂印"，出版时间不详，购书者署"6.14"（见下图）。通过查找历史资料，可知《新洛阳报》是在1948年4月5日洛阳再次解放以后，于1948年4月9日创办。1949年8月11日，中共河南省委为了集中新闻干部重点办好《河南日报》，决定停办《新洛阳报》。①这样，此书的印刷应在《新洛阳报》存在的1948年4月9日至1949年8月11日之间。但现在可以看到的历史资料，如《洛阳日报社志》（洛阳日报社2008年编印）等，尽管都记述了《新洛阳报》及其印刷厂的历史，但都没有记述印刷《中国革命与中国共产党》一事。现在还未看到的历史资料是《新洛阳报》，如果把一年四个月的《新洛阳报》翻一遍，或许能查到此书的出版报道，当然也可能《新洛阳报》没

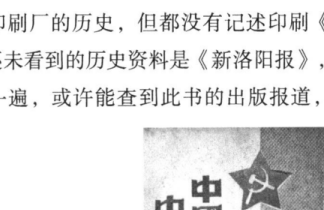

① 董高生：《〈新洛阳报〉创建》，载政协洛阳市老城区委员会文史资料委员会：《老城文史资料》第二辑，1989年3月印，第44—46页。胡次元：《〈新洛阳报〉出版始末》，载邓明选等主编：《洛阳日报社志》，洛阳日报社2008年编印，第548—551页。

有此书的出版报道。还有一个解决此问题的办法是找当事人，如果当事人还健在。一是找《新洛阳报》及其印刷厂当事人了解何时印刷此书；二是找购书者许宜风了解何时购买了此书。购书者署"6.14"，是1948年6月14日还是1949年6月14日购书，甚或1950年6月14日购书，不得而知。如许宜风还健在，并能找到他（研究购书者，对于研究毛泽东著作版本的传播、影响，是有意义的），何时购书应该可以清楚。如果此书购于1948年，则此书可能在1948年4月9日至6月14日间印刷，即1948年5月前后印刷。如果此书购于1949年，则此书就在1949年6月14日前印刷，是1948年还是1949年印刷，就需进一步查考。如果此书购于1950年或以后，则此书就在1949年8月11日前印刷，是1948年还是1949年印刷，也要进一步查考。

《新民主主义论》，无版权页，封面无出版单位、出版年代，内封署"新上海出版社印"，无出版年代。"新上海出版社"，可能是1949年5月上海解放以后建立，此书的出版可能在1949年5月以后（见下图）。新上海出版社的历史资料，目前还未查到。可查到北京图书馆善本组编《北京图书馆馆藏革命历史文献简目》有：《新民主主义论》毛泽东著，1949年5月新上海出版社1册61页32开（SC887）① （国家图书馆-民国图书，提供17种《新民主主义论》在线阅览，但没有新上海出版社出版的《新民主主义论》在线阅览）。

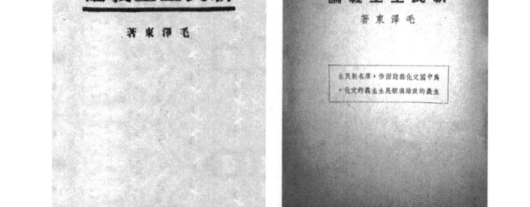

① 北京图书馆善本组编：《北京图书馆馆藏革命历史文献简目》，书目文献出版社1984年版，第63页。

这是较早著录新上海出版社出版的《新民主主义论》的目录。以后，廖盖隆等主编《毛泽东百科全书》第7卷（光明日报出版社2003年修订版，第3465页），也有相同的著录。只是不知"1949年5月"这个数据是怎么来的，有什么依据?

《论新阶段》，辽东建国书社出版，封面、版权页都没标年代。卷首有编者《说明》署"民国三十四年十一月"。此书当在1945年11月或12月出版。超星、读秀上标的出版时间为1945年11月（见下图）。

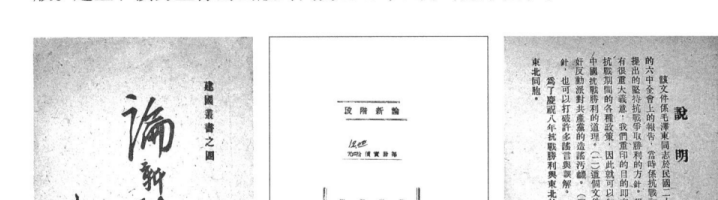

版权页残缺，封面不缺，如果不是孤本、少见本，可比较容易找到相同版本的书，确定版本。版权页残缺，封面亦缺，可设法找版式相同、页面文字相同、页码相同的书，研究确定其版本。

判定版本，还有一个重要的任务是鉴别版本的真伪。

红色收藏热起来后，其中最热的是收藏毛泽东著作，毛泽东著作的价格不断高涨，于是有人造假牟利，于是伪造本出现了。孔夫子旧书网曾出现三套六卷本《毛泽东选集》，两套封面都署"晋察冀边区出版社 一九四七年十月出版"，三套的版权页都署"编者 中国共产党晋察冀中央局"，"印刷兼发行者 边区中央书局"。即三套书是同一出版社、同一时间出版。但三套书的封面不同，用了不同的毛泽东头像（见下图）。

毛泽东著作版本研究 第一册

这三套书，一看封面就可知道是伪造的书。一是同一时间、同一次出版的书怎么会做三个不同的封面？怎么形成了三套书？二是这三套书的毛泽东头像，在1949年以前的出版物中从未出现过，前两种毛泽东版画头像，是在"文化大革命"时期可以常见的。后一种是人民出版社1951—1960年出版的《毛泽东选集》四卷本的封面。显然是利用"文化大革命"时期的资料和人民出版社出的《毛泽东选集》的封面伪造的。三是《延安时期中国共产党出版史研究（1937—1947）》（刘苏华著，湖南师范大学出版社2012年版），没有提到有"晋察冀边区出版社"，没有提到出过这三套书。《解放区根据地图书目录》（中国人民大学图书馆编，中国人民大学出版社1989年版）也没有著录这三套书。因此，这三套书应该是伪造的。

网上还有提供虚假版本信息的情况。如书主说他的《辩证法唯物论提纲》是1937年出版的。实际上《辩证法唯物论提纲》是1937年写作的，因此此本不可能是1937年出版的，因为书名中的几个字"证""论""纲"以及"毛泽东"是简体字，不是繁体字，无疑应是20世纪60年代前后印刷的。此书开价为1.5万元（见下图）。网上提供的书的版本项是需要认真查考、辨别的。

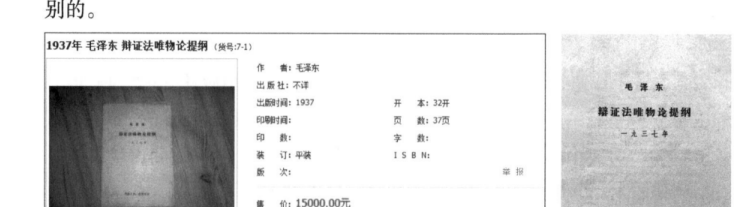

3. 研究文本

对不同的版本的同一文本进行研究，实际上是对不同版本的同一文本进行校勘，梳理其异同，并分析、研究。1949年10月以前毛泽东著作同一文本不同版本的校勘已有一些成果，大致可分两大类，一是以人民出版社1951—1960年出版的第一版《毛泽东选集》校勘1949年10月以前出版、发表的不同版本；二是以人民出版社1991年出版的第二版《毛泽东选集》校勘人民出版社出版的第一版《毛泽东选集》及其出版后的各种版本。

第一类成果，就书而言，主要是日本出版的《毛泽东集》《毛泽东集补卷》。就文章而言，20世纪80年代以来，中国已有不少发表，如：刘利华《毛泽东对〈中国社会各阶级的分析〉的三次修改》（《求索》1990年第4期），王建国《不同文本〈中国社会各阶级的分析〉之比较》（《毛泽东思想研究》2003年第4期），王建国《〈中国社会各阶级的分析〉的版本问题》（《毛泽东思想研究》2004年第1期），金宏宇《〈在延安文艺座谈会上的讲话〉的版本与修改》（《中国现代文学研究丛刊》2005年第6期），谷鹏飞等《〈在延安文艺座谈会上的讲话〉四次修订的背景及其诠释学意义》［《西北大学学报（哲学社会科学版）》2012年第2期］，任晓伟等《〈论联合政府〉的修改与新民主主义理论研究的文献考述》［《延安大学学报（社会科学版）》2012年第3期］，方敏《毛泽东对〈论联合政府〉的修改》（《史学月刊》2012年第7期）等。

第二类成果，主要的是逄先知等，中央文献出版社1991年版《毛泽东选集一至四卷第二版编辑纪实》；中共中央文献研究室编，中央文献出版社1991年版《毛泽东选集一至四卷注释校订本》；中央文献研究室科研部图书馆编，中国青年出版社2003年版《毛泽东著作是怎样编辑出版的》；《党的文献》编辑部等编，中央文献出版社2006年版《党的文献是怎样编辑出版的？》等。

根据以上这些研究成果的基本内容，结合我们近年来的校勘、研究实践，对毛泽东著作不同版本的文本研究的主要内容大概有以下几个方面：

（1）段落、行款

段落的变化是常见的。如有的文本，原本不分段落，后来的版本分了段落；有的文本，原本为三段，后来的版本分为四段。如果文字、内容没有变化，段落变化了，应该不影响文义；如果段落变化了，如段落减少了，文字、内容也减少了，这应该是删节；如段落增加了，文字、内容也增加了，这应该是增补。

如人民出版社1960年出版的《毛泽东选集》第四卷收入的《关于淮海战役的作战方针》一文为四点，而电报的原文为五点，原文的第四点被删去。第四点全文是："淮海战役的结果，将是开辟了苏北战场，山东苏北打成一片，邱李两兵团固守徐蚌一线及其周围，使我难于歼击。此时，你们仍应分为东西两兵团。以大约五个纵队组成东兵团，在苏北苏中作战。以其余主力为西兵团，出豫皖两省，协同刘邓，攻取菏泽，开封，郑州、确山，信阳、南阳、淮河流域及大别山各城。西兵团与刘邓协力作战的方法，亦是一部兵力打城，以主要兵力打援阻援，这样去各个歼敌。刘邓因为兵力不足，不能实现如像你们攻济打援战役及淮海战役那样的作战。你们西兵团去后，就可以实现那样的作战。六七两月开封睢杞战役就是西兵团与刘邓协力的结果。"为了尊重毛泽东的删改，又可恢复原文原貌，人民出版社1991年出版的第二版《毛泽东选集》第四卷收入的《关于淮海战役的作战方针》就增加了注释，说明了原文的情况，并在注释中将第四点全文辑入。①

又如，1941年延安出版的毛泽东《农村调查》（以下简称"四一本"）及20世纪40年代出版的各种版本的《农村调查》收入的《长冈乡调查》都是源于《斗争》1934年1月第42期、43期、44期发表的《兴国长冈乡的苏维埃工作》，这些版本与最早的《长冈乡调查》版本——1934年1月发给第二次全国苏维埃代表大会代表们的油印单行本，题为《乡苏工作的模范（一）——长冈乡》——相校，可发现《斗争》和"四一本"等中的《长冈乡调查》缺少两段文字，一是"群众生活"一节的"市价"部分，二是"反帝"一节。人民出版社1982年12月出版的《毛泽东农村调查文集》按油印单行本恢复了这两部分。②

文字不变，行款格式的变化，这在有些文本中是有一定含义的。

---

① 详见逄先知等：《毛泽东选集一至四卷第二版编辑纪实》，中央文献出版社1991年版，第90页。

② 详见《党的文献》编辑部等编：《党的文献是怎样编辑出版的？》，中央文献出版社2006年版，第97页。

绪 论

保持文稿原文的格式也是保持文稿原貌的一项内容，日《集》在这方面做了些努力。如毛泽东1917年致宫崎（白浪）滔天的信：两处写到"先生"就另起一行顶格写，这是中国传统写信、撰文的一种格式——抬头，表示对对方（对他）的尊敬（见下图）。

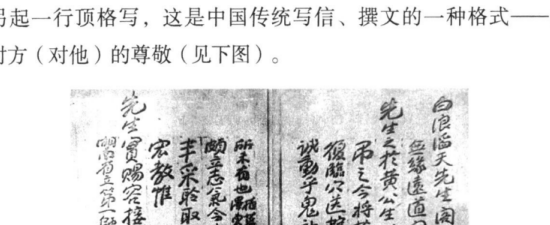

日《集》第1卷第一篇《给宫崎滔天的信》（见下图）：

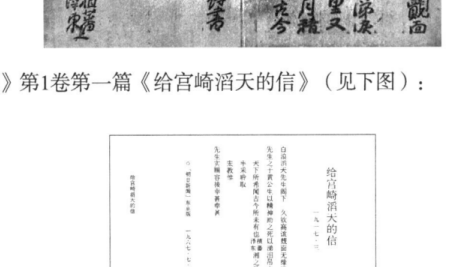

这基本保持了原信两处抬头的格式。而《毛泽东早期文稿》（中共中央文献研究室等编，湖南出版社1990年版；湖南人民出版社2008年版；湖南人民出版社2013年版）没有保持原信两处抬头的格式。这就少了些社会、生活的气息，没有反映毛泽东对宫崎滔天的敬意（见下图）。

又如毛泽东1936年致蔡元培信，日《集》第5卷《毛泽东致蔡元培书》末尾（见下图）。

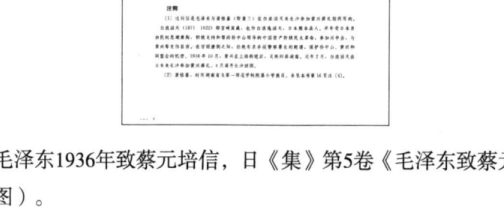

最后两句为：

"寇深祸急，率尔进言。风雨同舟，愿闻明教。敬颂

道安。不具"

"明教"，另起一行抬头，表示敬意。

而《毛泽东书信选集》（中共中央文献研究室编，人民出版社1983年版；中央文献出版社2003年版）《致蔡元培》末尾（见下图）。

绪 论

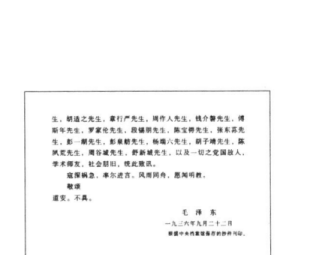

最后两句为：

"寇深祸急，率尔进言。风雨同舟，愿闻明教。

敬颂

道安。不具。"

"明教"没有另起一行抬头，没有反映原信的行款格式。

《毛泽东文集》第一卷（中共中央文献研究室编，人民出版社1993年版）《给蔡元培的信》，是按人民出版社1983年版《毛泽东书信选集》刊印，行款格式与《毛泽东书信选集》相同。此信末尾最后两句也是：

"寇深祸急，率尔进言。风雨同舟，愿闻明教。

敬颂

道安。不具" ①

"明教"没有另起一行抬头，没有反映原信的行款格式。

又如毛泽东1939年1月发表在《八路军军政杂志》创刊号上的《发刊词》开头（见下图）。

---

① 中共中央文献研究室：《毛泽东文集》第一卷，人民出版社1993年版，第445页。

毛泽东著作版本研究 第一册

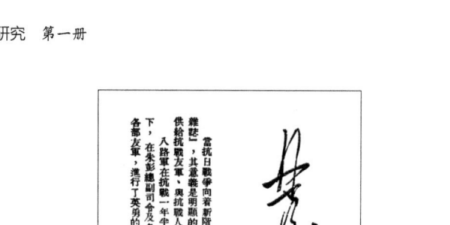

第二段第一句："八路军在抗战一年半中，在蒋委员长与战区司令长官的领导之下……"在"蒋委员长"前空一格，这相当于抬头。日《集》第6卷《八路军军政杂志发刊词》（见下图）。

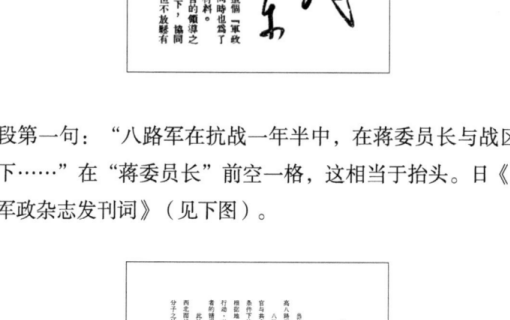

保留了原文在"蒋委员长"前空一格的行款格式。而《毛泽东文集》第二卷（中共中央文献研究室编，人民出版社1993年版）《〈八路军军政杂志〉发刊词》（见下图）。

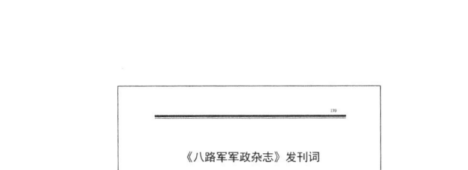

在"蒋委员长"前没有空一格，没有保留原文的行款格式。

行文中使用能表示敬意的格式，这也是中国传统文化中的精华，是中国传统美德的反映，是应该继承并发扬光大的。

（2）标点

不同版本的文本，标点有修改或者说不同，如逗号改为句号，句号改为逗号等，是常见的。有些标点的变动，不影响文义。有些标点的变动，文义会不同。

《井冈山的斗争》是毛泽东1928年11月25日以红四军前委书记名义，给中共中央写的报告。当时这个报告，曾抄写三份送达中央。现存两份，一份由湖南省委转中央（以下简称"湖南本"），另一份由江西省委转中央（以下简称"江西本"）。1941年中共中央书记处编印的《六大以来》，收入的这个报告是根据"湖南本"刊印的，题为《井冈山前委对中央的报告》。20世纪40年代编印的《两条路线》和几种《毛泽东选集》，收入这个报告都是根据《六大以来》的版本刊印的。这个报告收入1951年出版的《毛泽东选集》第一卷时改题《井冈山的斗争》，是以20世纪40年代编印的《毛泽东选集》为底本（即源于"湖南本"），做了一些文字修改。后发现"江西本"同"湖南本"文字有出入，在编辑《毛泽东选集》第二版时，就校勘了各种版本，修正了第一版《毛泽东选集》的失误，其中就包含修正了标点符号。如：第一版《毛泽东选集》有："木材、茶、油等农产品不能输出"，"出产最多的木材和茶、油"等句。在"湖南本"和"江西本"中，第一处都为

"木材茶油"，第二处都为"木材与茶油"，"茶油"二字之间均无顿号。《六大以来》的此文，第一处为"木材、茶、油"，第二处为"木材与茶油"。20世纪40年代编印的《两条路线》和几种《毛泽东选集》，这两处完全照《六大以来》刊印。1951年出版的《毛泽东选集》第一卷，连第二处也改为"木材与茶、油"。"茶、油"为两种农产品，"茶油"是一种农产品，有顿号和没有顿号，意思完全不同。后经查考并询问井冈山革命博物馆的负责人，搞清楚应是"茶油"而不是"茶、油"。1991年出版的第二版《毛泽东选集》第一卷这两处都改为"茶油"。

又如第一版《毛泽东选集》有："红军再度到宁冈、新城、古城、砻市一带时"。"湖南本"为："红军再度到宁冈（九月）宁冈，新城古城砻市一带"。《六大以来》本为："红军再度到宁冈、新城、古城、砻市一带"。《六大以来》以后的各种版本的《毛泽东选集》，包括1951年版《毛泽东选集》第一卷都与《六大以来》相同。"到宁冈、新城、古城、砻市一带"，"一带"包括四个地方。实际上新城、古城、砻市是宁冈县下辖之区域，"一带"实际上是指宁冈县下辖之新城、砻市三个地方。1991年出版的第二版《毛泽东选集》第一卷改为"到宁冈新城、古城、砻市一带时"。①

又如1951年出版的《毛泽东选集》第一卷中的《湖南农民运动考察报告》中说："农会势盛，地方牌赌禁绝，盗匪潜踪。"《湖南农民运动考察报告》最早发表在《战士》1927年第35、36期合刊，38期、39期上，此句为"农会势盛地方，牌赌禁绝，盗匪潜踪。"20世纪40年代的各种版本的《毛泽东选集》都为"农会势盛，地方牌赌禁绝，盗匪潜踪。"即为1951年版《毛泽东选集》第一卷沿袭。此句逗号的位置不同，文义显然不同。查《湖南农民运动考察报告》中类似的其他几处都是"农会势盛地方，……"例如："牌：农会势盛地方，麻雀、骨牌、纸叶子，一概禁绝。""赌：从前的'赌痞'，现在自己在那里禁赌了，农会势盛地方，和牌一样弊绝风清。""什么盗匪，在农会势盛地方，连影子都不见了。"足见，此句应在"地方"后边加逗号，不是在"势盛"后边加逗号。1991年出版的第二版

① 详见逄先知等：《毛泽东选集一至四卷第二版编辑纪实》，中央文献出版社1991年版，第36—37页。

《毛泽东选集》第一卷改为"农会势盛地方，牌赌禁绝，盗匪潜踪。" ①

再如，毛泽东《农村调查》的"四一本"及20世纪40年代出版的各种版本的《农村调查》收入的《长冈乡调查》有一句"货从茅店直接办来"。《斗争》发表的这个调查作"货从茅店直下办来"。1934年1月发给第二次全国苏维埃代表大会代表们的油印单行本《乡苏工作的模范（一）——长冈乡》，此句为"货从茅店、直下办来"。"茅店"、"直下"间加了顿号，还分别加了专名号，表示"茅店""直下"都是地名。"直下"是不是地名？在1933年11月12日发布的《中华苏维埃共和国中央政府人民委员会训令第十八号》中，提到计划修筑的二十二条公路干线中，有两条就是通"直下"的。可见"直下"确是一个地名。人民出版社1982年12月出版的《毛泽东农村调查文集》订正为"货从茅店、直下办来"。② 这个例子说明整理现当代文献、中共党史文献时，用专名号仍是有必要的，可以避免一些误读。

（3）文字

不同版本的文本，文字不同或者说有修改，是常见的，这些不同或者说有修改，涉及很多方面。有些文字的不同，不影响文义，如一本为"和"，另一本为"与"。有些文字的不同，有正确、错误之别，特别是地名、人名、时间的不同。

关于地名：如《井冈山的斗争》，"湖南本"为"在永新有……西乡小江西一区"，"江西本"为"西乡小江西区"，《六大以来》为"西乡小西江一区"，20世纪40年代以后各本均同《六大以来》。人民出版社1951年版《毛泽东选集》第一卷修改为"在永新有……西乡的小西江区"。可是，在《井冈山的斗争》中，发现另有一处提到"永新之小江区"。准确的地（区）名究竟是什么？查阅其他文献资料，证实永新县有"小江区"，而无"小西江区"和"小江西区"。例如，《井冈山土地法》中说，"以几乡为单位分配（如永新之小江区）"。1929年2月25日杨克敏《关于湘赣边苏区情况的综合报告》，多处提到"小江区"，其中有两处，指明"小江区"在永

① 详见逄先知等：《毛泽东选集一至四卷第二版编辑纪实》，中央文献出版社1991年版，第31—32页。这一处标点的修改，马伯钧等（《〈毛泽东选集〉第二版几处修改失当》，《湖南师范大学社会科学学报》1992年第5期）认为没有必要。

② 详见《党的文献》编辑部等编：《党的文献是怎样编辑出版的？》，中央文献出版社2006年版，第97—98页。

新西乡。1929年3月17日中共湘赣边界临时特委给江西省委并转湖南省委的信中，有两处提到"永新小江区"。咨询永新县委党史办公室负责人，答复是"小西江区"和"小江西区"均误，应是"小江区"。1991年出版的第二版《毛泽东选集》第一卷改为"在永新有……西乡的小江区。" ①

《井冈山的斗争》，"湖南本"为"湘边鄂茶攸"，"江西本"同。而《六大以来》为"湘边萍、茶、攸"。20世纪40年代以后各本均同《六大以来》。人民出版社1951年版《毛泽东选集》第一卷为"湘边萍乡、茶陵、攸县"。"湘边鄂茶攸""湘边萍、茶、攸"，哪个正确？一查即知，萍乡在赣边，鄂县在湘边，"湘边鄂茶攸"正确。1991年出版的第二版《毛泽东选集》第一卷改为"湘边鄂县、茶陵、攸县"。 ②

关于人名：如《井冈山的斗争》，"湖南本"和"江西本"的"刘天千"，《六大以来》为"刘天干"。20世纪40年代以后各本均同《六大以来》。人民出版社1951年版《毛泽东选集》第一卷也为"刘天干"。"刘天千""刘天干"哪个正确？查阅当时的文献资料，1929年5月20日中共湘赣边界特委报告中，有四处均为"刘天干"。咨询井冈山革命博物馆研究人员，答复应是"刘天干"，而非"刘天千"。"刘天干"正确。1991年出版的第二版《毛泽东选集》第一卷改为"刘天干"。 ③

如《井冈山的斗争》，"湖南本"和"江西本"的"朱亦岳"，《六大以来》为"宋亦岳"。20世纪40年代以后各本均同《六大以来》。人民出版社1951年版《毛泽东选集》第一卷也为"宋亦岳"。"朱亦岳""宋亦岳"哪个正确？当时的文献资料，例如《杨克敏的报告》，中共湘赣边界特委报告（1929年5月20日）等，均作"朱亦岳"。1982年何长工说：《井冈山的斗争》一文中，"宋亦岳"是"朱亦岳"之误，我熟悉这个人出生的村庄，在莲花县，都是姓朱的，没有异姓。"朱亦岳"正确。1991年出版的第二版《毛泽东选集》第一卷改为"朱亦岳"。 ④

关于时间：如《井冈山的斗争》中边界党的第二次代表大会开会时间，

---

① 详见逄先知等：《毛泽东选集一至四卷第二版编辑纪实》，中央文献出版社1991年版，第34页。

② 详见逄先知等：《毛泽东选集一至四卷第二版编辑纪实》，中央文献出版社1991年版，第38页。

③ 详见逄先知等：《毛泽东选集一至四卷第二版编辑纪实》，中央文献出版社1991年版，第38页。

④ 详见逄先知等：《毛泽东选集一至四卷第二版编辑纪实》，中央文献出版社1991年版，第38页。

"湖南本"和"江西本"均为"十月四日起开会三天"。《六大以来》同"湖南本""江西本"，而晋冀鲁豫版《毛泽东选集》为"十月十四日起开会三天"。人民出版社1951年版《毛泽东选集》第一卷也为"十月十四日起开会三天"。究竟何时开始开会？毛泽东起草的《湘赣边界各县党的第二次代表大会决议案》（《中国的红色政权为什么能够存在？》是这个决议的一部分），署明为"一九二八年十月五日于宁冈步云山"。边界党的第二次代表大会《决议案》为"十月五日"通过，会议当是"十月四日起开会三天"。1991年出版的第二版《毛泽东选集》第一卷改为"十月四日起开会三天"。①

如《星星之火，可以燎原》，毛泽东给林彪的信原件（包括油印件）为"中央此信（去年二月七日）"。《六大以来》为"中央此信（去年二月九日）"。20世纪40年代以后多本均同《六大以来》。人民出版社1951年版《毛泽东选集》第一卷也为"中央此信（去年二月九日）"。"二月七日"还是"二月九日"？"中央此信"即中央给润之、玉阶两同志并转湘赣边特委信，署明为"一九二九年二月七日"，因此，"二月七日"正确。1991年出版的第二版《毛泽东选集》第一卷改为"中央此信（去年二月七日）"。②

有些数字的不同，也有正确、错误之别。如《井冈山的斗争》，"湖南本""江西本"和《六大以来》为"东麓是永新的拿山，西麓是鄂县的水口，两地相距百八十里"。而晋冀鲁豫版《毛泽东选集》作"……两地相距八十里"。人民出版社1951年版《毛泽东选集》第一卷也为"……两地相距八十里。"拿山和水口两地相距"百八十里"还是"八十里"？调查后得知，两地相距180里。1991年出版的第二版《毛泽东选集》第一卷改为"……两地相距百八十里。"③

这里要强调一下，1991年第二版《毛泽东选集》对1951—1960年第一版《毛泽东选集》的正文的修改，很多是正确的，但也有个别是不妥的。如：中国革命博物馆编《纪念毛泽东》（画册）（文物出版社1989年版）第230幅照片《关于歼灭敌人的指示》修改稿，是《毛泽东选集》第四卷《集中优势兵力，各个歼灭敌人》的原稿。这个修改稿不是毛泽东手稿的修改

---

① 详见逄先知等：《毛泽东选集一至四卷第二版编辑纪实》，中央文献出版社1991年版，第37页。

② 详见逄先知等：《毛泽东选集一至四卷第二版编辑纪实》，中央文献出版社1991年版，第41页。

③ 详见逄先知等：《毛泽东选集一至四卷第二版编辑纪实》，中央文献出版社1991年版，第35页。

稿，大概是抄件的修改稿，修改部分是毛泽东亲笔。这个修改稿六页，照片中修改稿不是一页一页分开并排，而是摆成扇形，除了第一页可以看到全部文字，其余几页都有一部分被遮盖，不能看到全部文字。尽管这样，这幅照片仍可以用来与《毛泽东选集》第四卷收入的《集中优势兵力，各个歼灭敌人》进行校勘。而一校，发现了问题。修改稿中有一句："例如我粟谭军在如皋附近，未养歼敌交警五千，未感歼敌一个旅，未佥又歼敌一个半旅。"这里的"未"，为地支第八位，代八月。"养"，为韵目代日，代二十二日。"感"，为韵目代日，代二十七日。"佥"，为韵目代日，代二十八日。这句话，人民出版社1960年版《毛泽东选集》第四卷中《集中优势兵力，各个歼灭敌人》为："例如我粟谭军在如皋附近，八月二十二日歼敌交通警察部队五千，八月二十六日又歼敌一个旅，八月二十七日又歼敌一个半旅。"① 人民出版社1991年版《毛泽东选集》第四卷中《集中优势兵力，各个歼灭敌人》为："例如我粟谭军在如皋附近，八月二十一、二十二日歼敌交通警察部队五千，八月二十六日又歼敌一个旅，八月二十七日又歼敌一个半旅。"② 可以发现，1960年版《毛泽东选集》本中的"八月二十二日"，与修改稿原意相符。1991年版《毛泽东选集》本中的"八月二十一、二十二日"，与修改稿原意不符，多了"二十一"。两个版本《毛泽东选集》本中的"八月二十六日……""八月二十七日……"均与修改稿原意不符。应该作"八月二十七日……""八月二十八日……"1991年版《毛泽东选集》本中增八月"二十一"，但卷尾的"《毛泽东选集》第四卷正文校订表"中并没有列出，关于为什么要增"二十一"，也没有任何说明。两个版本的《毛泽东选集》中的"八月二十六日……""八月二十七日……"与修改稿原又不符。

（4）毛泽东对原有文本的修改

这是毛泽东著作版本研究的一个极为重要的方面。1949年10月以前的毛泽东著作的各种版本之间的文字不同，由于编辑、排版、印刷等方面的问题，大多没有经毛泽东审定。1950年5月，中共中央毛泽东选集出版委员会成立，毛泽东亲自参与了《毛泽东选集》编辑，亲自挑选、修改、审定每一篇

① 《毛泽东选集》第四卷，人民出版社1960年版，第1195页。
② 《毛泽东选集》第四卷，人民出版社1991年版，第1197页。

论著。1951年至1960年人民出版社出版的第一版《毛泽东选集》一至四卷中每一篇，毛泽东都有或多或少的修改，有的文章改动较大。这样，人民出版社出版的第一版《毛泽东选集》与此前的各种版本的毛泽东论著，不仅有个别文字的不同，内容方面也会有不同。对这些版本，不仅要研究文字、文句的不同，而且要研究思想内容方面的不同，并分析其不同即修改的原因、意义、合理与否等。

文字方面的不同或修改，地名、人名、时间的不同，尽管会有正确、错误之别，但一般不影响思想内容。而有的文句的一字之改，思想内容完全不同。如：《为人民服务》，最早公开发表的文本是1944年9月21日《解放日报》第一版刊登的《警备团追悼战士张思德同志毛主席亲致哀悼》。这是一篇报道，其中记述了毛泽东的悼词。1953年人民出版社出版的《毛泽东选集》第三卷收入了此文，题为《为人民服务》。以1953年《毛泽东选集》第三卷本校1944年《解放日报》本，可发现有修改。

如：1944年《解放日报》本："我们干部要关心每一个战友"，1953年《毛泽东选集》第三卷本改为："我们干部要关心每一个战士"。干部关心战友，也可以是干部关心干部，强调干部关心战士，就更突出了共产党革命队伍内是上下一致、官兵一致的。这是有思想性的一字之改。

又如：1944年《解放日报》本："村上的人死了，开个追悼会，用这样的方法，寄托他们的哀悼，使整个人民团结起来。"1953年《毛泽东选集》第三卷本改为："……寄托我们的哀思，使整个人民团结起来。""他们的哀悼"改成"我们的哀思"。"哀悼"，"哀思"，文义相差不大。"他们"改"我们"，一字之改，突出了中国共产党是老百姓的一分子，中国共产党和人民群众是一家子，而不是中国共产党是"我们"，人民群众是"他们"。

有些文本改动很大，更凸显出思想内容的不同。

《中国社会各阶级的分析》，最早在《革命》半月刊1925年12月1日第四期上发表，《中国农民》1926年2月1日第二期、《中国青年》1926年3月13日第116、117期合刊转载，后又有一些版本，1951年人民出版社出版的《毛泽东选集》第一卷收入。1951年《毛泽东选集》第一卷版的《中国社会各阶级的分析》，对《革命》半月刊、《中国青年》的文本，有较大的修改。如：《革命》半月刊、《中国青年》本："无论那一个国内，都有大资产阶级，中产阶级，小资产阶级，半无产阶级，无产阶级五等人……五种人各有不同经济地位，各有不同的阶级性。因此对于现代的革命，乃发生反革命，半反革命，对革命守中立，参加革命和为革命主力军的种种不同的态度。"1951年《毛泽东选集》第一卷版的《中国社会各阶级的分析》，删除了这一段，新写了：地主阶级和买办阶级"代表中国最落后的和最反动的生产关系，阻碍中国生产力的发展"……工业无产阶级"是中国新的生产力的代表者，是近代中国最进步的阶级，做了革命运动的领导力量"①。这是经过长期的革命斗争，吸取了大量的经验教训后，对中国社会及各个阶级的新认识，强调了中国的无产阶级是新的生产力的代表者，是中国最进步的阶级，是革命的领导力量。

《战争和战略问题》是毛泽东1938年11月6日在中共六届六中全会上所作的结论之一。此文最早收入中共中央书记处1941年12月编印的《六大以来》（下）、《六大以来选集》（下），后有各种版本。1952年人民出版社出版的《毛泽东选集》第二卷收入。1952年《毛泽东选集》第二卷版的《战争和战略问题》，对《六大以来选集》（下）的文本，有不少的修改。如：《六大以来选集》（下）版："过去十年蒋介石是反革命的，但单拿他注重军事一点来说，他所创造的庞大的中央军，至今还是抗战的主力。"②1952年《毛泽东选集》第二卷版改为："过去十年的蒋介石是反革命的。为了反革命，他创造了一个庞大的'中央军'。"③否定了国民党军队"是抗战的主力"，强调蒋介石军队是"反革命"的。因为抗战胜利以后，国民党政府挑起了内战要消灭中国共产党，逆历史潮流而动，失去民心，转变成反革命政府。

《六大以来选集》（下）版："一九二七年的八七会议与一九三〇年的四中全会，反对了政治上的右的与左的机会主义，使党大大进步了。"④对中共六届四中全会是肯定的。1952年《毛泽东选集》第二卷版改为：

---

① 《毛泽东选集》第一卷，人民出版社1951年版，第3—8页。

② 《六大以来选集》（下），中共中央书记处1941年编印，第473页。

③ 《毛泽东选集》第二卷，人民出版社1952年版，第510页。

④ 《六大以来选集》（下），中共中央书记处1941年编印，第474页。

"一九二七年八月七日党中央的紧急会议反对了政治上的右倾机会主义，使党大进了一步。一九三一年一月的六届四中全会，在名义上反对政治上的'左'倾机会主义，在实际上重新犯了'左'倾机会主义的错误。这两个会议的内容和历史作用是不一样的。" ① 否定了中共六届四中全会。1931年中共六届四中全会使王明取得了中共中央领导地位，是王明"左"倾路线上台的会议。1938年中共六届六中全会还未批判王明"左"倾路线，还没有否定中共六届四中全会，毛泽东在讲话中也没有否定中共六届四中全会。1942年整风运动以后，王明"左"倾路线是错误路线，给中国共产党造成了极大危害，在全党达成了共识。1945年4月20日中共六届七中全会通过的《关于若干历史问题的决议》，彻底否定、批判了王明"左"倾路线，否定、批判了中共六届四中全会。1952年《毛泽东选集》第二卷版修改对中共六届四中全会的评价，否定中共六届四中全会，是自然的。

因为各种原因，修改原有的文本，如：《论联合政府》的早期版本中有这样一段话："为着发展工业，需要大批资本。从什么地方来呢？不外两方面：主要依靠中国人民自己积累资本，同时借助于外援。在服从中国法令，有益于中国经济的条件之下，外国投资是我们欢迎的。对于中国人民与外国人民都有利的事业，是中国在得到一个巩固的国内和平与国际和平，得到一个彻底的政治改革与土地改革之后，能够蓬蓬勃勃地发展大规模的轻重工业与近代化的农业。在这个基础上，外国投资的容量将是非常广大的。"（详前）这种争取外援、吸收外资建设新中国的思想是有远见的。但人民出版社1953年出版的《毛泽东选集》第三卷中已没有这段话，这段话被删除了。所以删除这段话，如胡乔木说的，与当时中国所处的国际环境有关，与毛泽东对这个问题的认识有关。② 毛泽东的认识发生了变化。

1939年8月4日《新中华报》第四版刊登的毛泽东讲演《用国法制裁反动分子》，收入人民出版社1952年3月第1版《毛泽东选集》第二卷时改题为《反对投降活动》，其中《新中华报》版三处提到的1939年国民党政府制定的"防制异党办法"，1952年《毛泽东选集》第二卷中都改为"限制异党活

① 《毛泽东选集》第二卷，人民出版社1952年版，第512页。
② 详见胡乔木：《胡乔木回忆毛泽东》，人民出版社1994年版，第377页。1999年11月30日《文汇报》第8版《毛泽东50多年前就提出要利用外资》。

动办法"^{①}。这个修改是不妥当的，因为1939年国民党政府制定的文件的名称是《防制异党活动办法》，不是《限制异党活动办法》（详见《〈必须制裁反动派〉版本研究》）。

1951—1960年人民出版社第1版《毛泽东选集》出版后，也有过个别的修改。其中主要是"文化大革命"时期，《整顿党的作风》等文中引用刘少奇的话、提到刘少奇的地方被删除了。张慎趋谈道：1967年3月16日，陈伯达、康生、王力向毛泽东请示《毛泽东选集》出版工作中的问题，毛泽东当即作出指示。当天，人民出版社作出如下传达：1967年3月16日下午，我们向主席请示，要不要修改《毛泽东选集》一、二、三、四卷某些人名和注释问题，主席有如下指示：

（一）现在不要修改，这些人名都不要删掉，这些都是历史。没有司马懿、司马师、司马昭，何以成为晋史？注释要修改，要费很多时间，现在没有时间。

（二）《关于若干历史问题的决议》写得不好，可以不收。

（三）《整顿党的作风》一文中引用刘少奇的一段话没有必要，可以删掉。

（四）新印毛选仍用原来的出版年月日期。

（五）第五卷、第六卷毛选一年以后再说。现在你们没有时间，我也没有时间。

（六）语录本中引用《整顿党的作风》一文中刘少奇的那段话删去。第二十四节的题目"思想意识修养"改为"纠正错误思想"。^{②}

1966年下半年横排本出版时，删去了两处引用刘少奇的话（第504、779页）；到1967年7月出版合订本时，撤去第三卷中的《关于若干历史问题的决议》；同年11月出版合订袖珍本时，又在第729、734、1117、1204页上删去有关刘少奇的字句。^{③}

---

① 《毛泽东选集》第二卷，人民出版社1952年第1版，第543—544页。

②③ 张慎趋：《新中国成立后〈毛泽东选集〉出版概况》，《党史博览》2008年第11期。张慎趋说的"1966年下半年横排本出版时"，应指1966年7月《毛泽东选集》横排本出版。

施金炎也谈道："文化大革命"时期，《统一战线中的独立自主问题》和《整顿党的作风》两文中引用的刘少奇的话，并将其他文章和题解、注释中刘少奇的名字统统删掉。①

还有就是高饶事件发生以后，《整顿党的作风》中删除了关于高岗的论述。

（5）题解、注释

题解、注释，对于理解文又有很重要的辅助作用，尤其是作者本人写的题解、注释，应该是文本的有机组成部分。

1949年10月以前出版的毛泽东著作，包括《毛泽东选集》，题解、注释是很少的或者没有。1951—1960年人民出版社出版的第一版《毛泽东选集》一至四卷，大多数的篇章增加了题解、注释，其中一至三卷的一些题解、注释，有的就是毛泽东亲自写的。但当时的资料条件有限，中共党史的一些理论问题、史实问题等研究还不全面、深入，学术规范还不够注意，所以第一版《毛泽东选集》一至四卷的题解、注释还是存在一些局限性的。毛泽东曾指示要修改注释。中共中央毛泽东选集出版委员会从1962年起就组织专家对第一版《毛泽东选集》一至四卷的题解、注释进行校订。因"文化大革命"的爆发而中断。1985年起恢复了校订工作。1990年5月，中共中央政治局常委会批准中共中央文献研究室关于修订《毛泽东选集》一至四卷第一版、在建党七十周年出版第二版的报告，修订工作全面展开，加速进行②。

关于1951—1960年人民出版社出版的第一版《毛泽东选集》一至四卷题解、注释的修订情况，逄先知等《毛泽东选集一至四卷第二版编辑纪实》（中央文献出版社1991年版），中共中央文献研究室《毛泽东选集一至四卷注释校订本》（中央文献出版社1991年版）等，已有详细的说明。1991年人民出版社出版的第二版《毛泽东选集》一至四卷题解、注释，应该说已完美得多，具体修改的例子就从略了。

这里要强调一下，毛泽东著作的版本研究，1991年人民出版社出版的第二版《毛泽东选集》也要研究，其中的题解、注释及其修改也要研究。

如《为人民服务》的注释，在1991年版的修订中，已发现了1953年版引

---

① 施金炎主编：《毛泽东著作版本述录与考订》，海南国际新闻出版中心1995年版，第26页。

② 详见逄先知等：《毛泽东选集一至四卷第二版编辑纪实》，中央文献出版社1991年版。

司马迁的话，还不完全是司马迁《报任安书》中的原文，但没有修改引文，而修改了注释。把1953年版"司马迁"的注释："……此处引语见他的《报任少卿书》。"改为："……此处引语见《汉书·司马迁传》中的《报任少卿书》，原文是：'人固有一死，死有重于泰山，或轻于鸿毛。'"①在注释中，引了司马迁《报任安书》中的原文，作为对《为人民服务》中引司马迁文的一种补救。这样就把司马迁《报任安书》中的原文是怎样的搞清楚了。只是这样的补救并非上策，上策应该是修改《为人民服务》中的引文。引文应该准确无误，这是学术规范的基本要求，引文不准确就应该改成准确的。否则，读者可能会批评作者引文错误。1991年版《毛泽东选集》的修订过程中，毛泽东文章原文的修改有不少，而《为人民服务》中引司马迁文没有改准确，实在是遗憾的。《报任少卿书》应该题为"报任安书"，这仍是1991年版《毛泽东选集》注释的一个不足。少卿，是任安的字。现代人写史，应该写历史人物的真姓实名，而不必再写历史人物的字或号。《汉书·司马迁传》记："故人益州刺史任安予迁书，责以古贤臣之义。迁报之曰：少卿足下……"②《汉书》说得很清楚，是任安写信给司马迁，然后司马迁给任安写回信。按照《汉书》的记述，就是应该题为"报任安书"。司马迁的信称任安"少卿足下"，是古人避名讳、尊重人的习惯做法。现代人称"任安"，一般直呼其名，而不称"少卿"。

1991年版《毛泽东选集》中《为人民服务》的注释，比1953年版更丰富了，但似乎还可以更规范、更统一。如人名的注释，"李鼎铭"的注释为："李鼎铭（一八八一——一九四七），陕西米脂人……"③有生卒年代、籍贯。"张思德"的注释为："张思德，四川仪陇人……"④只有籍贯，没有生卒年代。而"司马迁"的注释，生卒年代、籍贯都没有。此文1953年版以上三人的人名注释，生卒年代、籍贯都没有，这在体例上是统一的，只是人物的介绍还不够全面。1991年版，"李鼎铭"的注释增加了生卒年代、籍贯，这是介绍人物基本的规范。那么从文章的规范化出发，从体例统一出

① 毛泽东：《毛泽东选集》第三卷，人民出版社1991年版，第1005页。
② 班固：《汉书·司马迁传》，《汉书》第九册，中华书局1962年版，第2725页。
③ 毛泽东：《毛泽东选集》第三卷，人民出版社1991年版，第1005页。
④ 毛泽东：《毛泽东选集》第三卷，人民出版社1991年版，第1005页。

发，"张思德""司马迁"的注释，也应该加上生卒年代、籍贯，而且按现在的规范应该用国际通用的阿拉伯数字。即"张思德（1915—1944），四川仪陇人……""司马迁（公元前145一公元前90年），陕西韩城人……"

关于1991年版《毛泽东选集》编辑中还存在的一些问题，已有一些学者发表了论文，如：李勇华《毛泽东到底修正了什么？——对〈毛泽东选集〉第二版一则修正理解的商榷》，《丽水师专学报（社会科学版）》1993年第6期；孙焕臻《还"西路军"以历史的本来面目——对〈毛泽东选集〉第二版一条注释的辨析》，《党史研究与教学》2004年第2期；马伯钧等《〈毛泽东选集〉第二版几处修改失当》，《湖南师范大学社会科学学报》1992年第5期等。

三、如何推进毛泽东著作版本研究

（一）普查目录

要进行毛泽东著作版本研究，就要全面广泛搜集各种版本。怎么才能全面搜集到各种版本？

现在收藏毛泽东著作的，主要是图书馆、档案馆、博物馆、收藏家等。要全面搜集各种版本的毛泽东著作，就要知道国内外各种图书馆、档案馆、博物馆、各个收藏家收藏了什么毛泽东著作版本，就要查他们的收藏目录。查目录，一是网上查，二是网下查。国内外各种图书馆、档案馆、博物馆的收藏目录，有的可以通过网络进行查阅。除了网上查阅目录，网下也可查阅目录，即一些单位、个人已出版的目录，也可找来一一查阅。一些收藏家的收藏目录，大多要网下查。

1. 普查中国图书的出版目录

搜集1949年10月以前出版的毛泽东著作信息，重点要查延安解放社及各地新华书店、大众书店的出版目录，还有一些进步书店如生活书店、香港新民主出版社等的出版目录，其他各出版社的出版目录也要进行普查。这类目录网上很少，基本要网下查。如：

刘洪权编《民国时期出版书目汇编》20册（国家图书馆出版社2010年版）

李晓明主编《民国时期发行书目汇编》7册（国家图书馆出版社2010年版）

北京图书馆编《民国时期总书目》21册（书目文献出版社1986—1997年版）

上海图书馆编《中国近代现代丛书目录》（上海图书馆1979年印）

上海图书馆编《中国近代现代丛书目录索引》（上海图书馆1982年印）

中国人民大学图书馆编《解放区根据地图书目录》（中国人民大学出版社1989年版）

《全国出版物目录汇编》（第四版）（生活书店1933年编印）

《生活书店图书目录·民国二十六年二月》（生活书店1937年2月编印）（介绍一、二月份出版的新书）等。

2. 普查国内外各图书馆的馆藏目录

先网上查，再网下查，现在国家、各省市、各高校等各大图书馆的馆藏目录，韶山毛泽东图书馆等馆藏目录，大部分可以网上查，少部分网上查有困难，如中共中央党校、中共中央党史和文献研究院、中共中央宣传部、解放军军事科学院、国防大学等图书馆的目录还较难查，要到该单位去查。

网下查，就是查各图书馆已印刷或出版过的本馆的馆藏目录，如：

《北京图书馆馆藏解放区文教书目》（北京图书馆1959年编印）

北京图书馆善本组编《北京图书馆藏革命历史文献简目》（书目文献出版社1984年版）

首都图书馆编《首都图书馆藏革命历史文献书目提要》（国家图书馆出版社2013年版）

中央民族学院图书馆编《中央民族学院图书馆馆藏马克思、恩格斯、列宁、斯大林、毛泽东著作书目》（中央民族学院图书馆1958年油印本）

解放军政治学院图书资料馆编《馆藏马克思列宁主义毛泽东著作目录》（解放军政治学院图书资料馆1959年打字油印本）

广西医学院图书馆编《馆藏学习毛主席著作书目》（广西医学院图书馆1960年油印本）

河北农业大学图书馆编《馆藏毛泽东著作书目》（河北农业大学图书馆1961年印）

湖北省图书馆编《毛泽东著作目录》（湖北省图书馆1977年印）

韶山毛泽东图书馆编《韶山毛泽东图书馆馆藏书目提要——毛泽东生平

卷》（中央文献出版社2012年版）

韶山毛泽东图书馆编《韶山毛泽东图书馆馆藏书目提要——毛泽东思想卷》（湘潭大学出版社2013年版）……

也有以发表文章的形式公布的馆藏目录，如刘志盛《永放光辉的珍品——湖南省图书馆藏毛泽东著作版本简介》（《图书馆》1983年第6期）；湖南师范大学图书馆孙谷秀的《馆藏毛泽东研究文献综述》（《图书馆》1993年第6期）……

以下的书也可查一下：

北京图书馆东方语文编目组编《毛主席著作目录》（北京图书馆东方语文编目组1959年印）

中国人民大学图书馆编《毛泽东著作、言论、文电目录（1919年7月—1959年12月）》（中国人民大学图书馆1960年印）

延边医学院图书馆编《毛泽东著作提要书目》（延边医学院图书馆1960年油印本）

……

中国台湾地区、中国香港地区的图书馆及其大学、研究机构的图书馆，如"台湾大学图书馆"、香港大学图书馆、香港中文大学图书馆等的馆藏目录，网上可设法查。

外国的国家图书馆，如日本的国会图书馆（含有东洋文库），美、英、法、德、俄等国的国家图书馆的馆藏目录，网上都可设法查。外国的重要高校、重要中国问题研究机构图书馆的馆藏目录，大部分网上也可设法查。

龙向洋编《美国哈佛大学哈佛燕京图书馆藏民国时期图书总目》（广西师范大学出版社2010年版），则是网下查的重要资料。

3. 普查国内外档案馆、博物馆、纪念馆的馆藏目录

中央档案馆，收藏毛泽东的资料最多，已出版的《中央档案馆馆藏革命历史资料·作者篇名索引（个人部分）》（中央文献出版社1990—1992年版），其中第一册第417—579页计163页都是毛泽东论著发表的目录，但毛泽东手稿的目录还未公开出版，毛泽东讲话录音的目录也未公开出版。而且网上查也很困难。地方档案馆，如江西省档案馆、湖南省档案馆、福建省档案馆、陕西省档案馆等也藏有毛泽东早期论著。这些档案馆的馆藏目录大多要到该

单位去查。

中国国家博物馆、中国人民革命军事博物馆，也藏有毛泽东早期论著。韶山毛泽东纪念馆、井冈山革命博物馆、延安革命纪念馆、中共一大纪念馆等也藏有毛泽东早期论著。这些地方的馆藏目录也不容易查，要到这些单位去查。

各地"文保中心"馆藏目录也可查。河北文保中心就发表过《河北省文物保护中心藏毛泽东著作珍贵版本略述》（《文物春秋》2010年第2期）。

电影档案馆、博物馆等收藏的毛泽东音像资料中的讲话资料，也要进行普查。

日、美、英、法、德、俄等国的档案馆的馆藏目录都可进行普查。如俄罗斯国家档案馆①、日本外务省档案馆、日本防卫省档案馆等，都藏有毛泽东早期论著等资料。国外档案的馆藏目录，有的在网上注册、交费，可以查阅。

4. 普查毛泽东著作收藏家的收藏目录

红色收藏家收藏的毛泽东早期论著，数量已相当可观、相当惊人，奚景鹏收藏毛泽东早期论著2000余种，其中200多种是中国国家图书馆、中央档案馆没有收藏的。

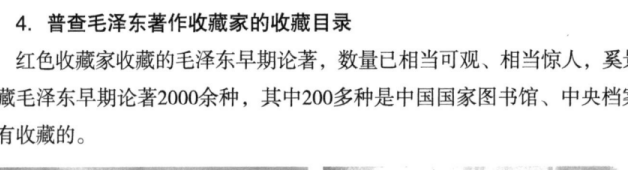

奚景鹏自编的毛泽东著作收藏目录

张迪杰为毛泽东著作博物馆创建者、馆长，收藏毛泽东著作10.2万册，1.5万种版本，其中也有上百种是中国国家图书馆、中央档案馆没有收藏的，已编有馆藏毛泽东著作目录38万字。他们的收藏目录都要——过录、登记。

① 诸夏怀斯社2017年制作了《苏联解密档案选·毛泽东著作》。

此外，杨翔飞、柏钦水、张曼玲、傅伯瑜、程宸等收藏毛泽东早期论著较多的收藏家的收藏目录，都要一一过录、登记。

5. 普查1949年以前的报刊目录

毛泽东的论著，大多在报刊上先发表。如，《湘江评论》是毛泽东主办的刊物，刊登的大部分文章出自毛泽东之手。长沙《大公报》《申报》等都发表过毛泽东的文章。中国共产党人办的报刊，《新青年》《中国农民》《中国青年》《向导》《布尔塞维克》《斗争》《红旗》《前锋》《红色中华》《新中华报》《八路军军政杂志》《群众》《新华日报》《解放日报》《人民日报》等都发表过毛泽东的文章。这些报刊的目录都可进行普查。

现在已有一些近现代报刊的数据库，为网上查报刊目录提供了方便。如《申报》数据库、《人民日报》数据库、《大成老旧刊》数据库，上海图书馆晚清、民国时期期刊全文数据库、爱如生中国近代报刊库、翰文民国报刊库等，为检索提供了很大方便，但这些数据库仍存在一些局限性，一是期刊收得不全，二是很多报纸还没有建立数据库。

网下有一些已出版的目录可查，如：人民日报图书馆《十九种影印革命期刊索引》（人民日报出版社1959年印），中国革命博物馆资料室《二十六种影印革命期刊索引》（人民出版社1988年版），上海图书馆《中国近代期刊篇目汇录》（上海人民出版社1965—1983年版），三联书店编辑部《东方杂志总目》（生活·读书·新知三联书店1957年版），三联书店编辑部《国闻周报总目》（生活·读书·新知三联书店1957年版），申报索引编辑委员会《申报索引》（上海书店出版社2008年版），周一平等《〈红藏〉中毛泽东著作目录》（《毛泽东论坛》2017，人民出版社2018年版）等都要从头至尾仔细查阅一遍。

新中国成立以后的报刊也要查。《人民日报》《党的文献》等就发表过不少毛泽东的文稿，这可以在网上查。《党的文献》的光盘也已出版。

总之，所有收藏毛泽东著作的单位、机构，所有收藏毛泽东著作的个人，无论在中国，在外国，都要毫无遗漏地进行联系、进行查找。只有下大力气地进行地毯式的查找，毛泽东著作版本资料的查找才能比较全面，最终占有的毛泽东著作版本资料也将比较全面。①

（二）编纂《毛泽东著作版本联合目录》

国内外以"毛泽东选集"题名的著作版本达400多种，出版地涉及37个国家和地区，文字达46种（含中文）。其中中文版有83种。把这些《毛泽东选集》收藏全的图书馆或收藏家，大概没有。

毛泽东著作单行本，据不完全统计，出版了的有170余篇，涉及77种文字、5800多种不同版本。其中中文版约1800种。出版地遍布世界各大洲。其中，版本最多的是《新民主主义论》，它有各种文版的版本达350余种。②其中的中文版1800余种，大概没有一个图书馆，没有一个收藏家是收藏全的。《新民主主义论》的各种版本350余种，各种各样的版本，怎么才能知道收藏在哪里呢?

单行本著作最早的是1927年4月1日由中共汕头地方党和共青团组织主办的汕头书店出版的《中国社会各阶级的分析》和1927年4月由长江书店出版的《湖南农民革命》（即《湖南农民运动考察报告》）。要想看，怎么搜集呢？到哪里去找呢？

这就需要编纂毛泽东著作版本联合目录，如全国第一中心图书馆委员会、全国图书联合目录编辑组编辑的《1833—1949全国中文期刊联合目录（增订本）》（书目文献出版社1981年版）。可先编国内毛泽东著作版本联合目录，再编国内外毛泽东著作版本联合目录。一旦《毛泽东著作版本联合目录》编纂完成并出版，那么现存毛泽东著作版本的家底就基本清楚了，查找版本资料就有线索了，这将极大地推动毛泽东著作版本研究。

《毛泽东著作版本联合目录》完成以后，就可进一步编纂《毛泽东著作版本合集》。《毛泽东著作版本合集》编纂完成并出版，毛泽东著作版本研究就方便了。

---

① 查找资料是无止境的，没有最全面，只有比较全面，只有更全面。

② 施金炎主编：《毛泽东著作版本述录与考订》，海南国际新闻出版中心1995年版。刘跃进：《毛泽东著作版本导论》，北京燕山出版社1999年版。

（三）开放档案资料

就搜集毛泽东1949年以前著作版本资料而言，最重要的是搜集毛泽东的手稿，其手稿大多收藏在中央档案馆，档案资料能不能开放，成为毛泽东版本资料能否搜集全的关键，也是重点所在。如刘跃进所说："由于档案封存，将毛泽东著作的印刷本与其最初的稿本进行比较研究，在目前甚至相当长的时间内，还将是一个大多数研究者无法涉及的领域……毛泽东的手稿、谈话记录稿、讲话录音等等，作为公开出版的各种版本的最初底本，在版本研究中具有特殊的重要地位" ^{①}。目前，中央档案馆馆藏毛泽东手稿的目录、毛泽东讲话录音的目录等还未公开，一般人到中央档案馆看一下这些目录，也很难。这就严重影响了毛泽东著作版本研究的顺利进行。

比如有些收入人民出版社出版的《毛泽东选集》一至四卷的著作，此前没有公开发表过，无已出版的版本可校。如《毛泽东选集》第三卷收入的《愚公移山》（1945年6月11日）。这篇文章是毛泽东在中共七大上的闭幕词，在当时的报刊上没有发表过，当时出版的中共七大文献中也没有收入，要进行版本研究，只有用毛泽东的手稿或当时的记录稿来与《毛泽东选集》校勘。再如《毛泽东选集》第四卷收入的《减租和生产是保卫解放区的两件大事》《一九四六年解放区工作的方针》《建立巩固的东北根据地》《以自卫战争粉碎蒋介石的进攻》《集中优势兵力，各个歼灭敌人》《三个月总结》《迎接中国革命的新高潮》《解放战争第二年的战略方针》《军队内部的民主运动》等，都是毛泽东当时起草的党内指示；《关于西北战场的作战方针》《再克洛阳后给洛阳前线指挥部的电报》《关于辽沈战役的作战方针》《关于淮海战役的作战方针》《关于平津战役的作战方针》等，都是毛泽东当时起草的电报；《中共中央关于九月会议的通知》是毛泽东当时起草的党内通知。这些文献都是当时中共党内的秘密文件，不可能公开发表，也没有公开发表过。要对这些文献进行版本研究，只有用毛泽东的手稿或抄

---

① 刘跃进：《毛泽东著作版本导论》，北京燕山出版社1999年版，第32页。朱同顺《党的文献编辑工作中的版本问题》（原载《党的文献》1988年第2期，后收入《党的文献》编辑部、中共中央文献研究室科研管理部图书馆编《党的文献是怎样编辑出版的？》，中央文献出版社2006年版）也强调了手稿在版本校订、研究中的重要作用，可以参见。

件来与《毛泽东选集》本校勘，否则就无版本可校、可研究，即谈不上进行版本研究。足见档案资料开放的关键性和重要性了。

毛泽东著作全集，有待编纂，毛泽东手稿全集，有待编纂。《鲁迅全集》《鲁迅手稿全集》的编纂、出版，推动了鲁迅研究的发展。《毛泽东全集》《毛泽东手稿全集》的编纂、出版，将推动毛泽东著作及版本研究、毛泽东研究、毛泽东思想研究的发展。

（四）走向数字化

21世纪以来，人文社会科学的资料数字化迅猛发展，检索、搜集资料的方便、快捷、全面、准确性大幅度提高，给研究带来了极大方便，研究效率极大提高。黄一农的《两头蛇：明末清初的第一代天主教徒》（台湾清华大学出版社2005年版；上海古籍出版社2006年版）是第一部完全利用数据库，运用数字化资料进行研究的著作，是一个跨学科的非明清史学者写出的一部震惊中外明清史学界的学术专著，宣告了"e"研究、"e"考据时代已开始，即数字化研究、数字化考据时代的开始。

毛泽东著作版本研究的数字化，主要是两大部分的工作：一是毛泽东著作版本的数字化，二是毛泽东著作版本研究的数字化。毛泽东著作版本的数字化已在历史资料的数字化大潮中有了一定的发展，如人民出版社1951—1960年出版的《毛泽东选集》第一版，1991年出版的《毛泽东选集》第二版，已有电子版（镜像版）。1949年10月以前的毛泽东著作的电子版资料也已有一些。如前面已提到的超星数字图书馆、读秀学术搜索、中国国家图书馆民国图书数字化资源库、中美百万册书数字图书馆、瀚文民国书库、爱如生数据库、国学数典、民国文献大全数据库、中共思想理论资源库、抗战文献数据平台，等等，都有一些1949年10月以前的毛泽东著作的电子版（镜像版）资料。特别是韶山毛泽东图书馆毛泽东思想研究资料中心数字资源平台，1949年10月以前的毛泽东著作已完全数字化，而且种类多、精品多。如1944年晋察冀日报社版《毛泽东选集》、1947年中国共产党晋察冀中央局印的《毛泽东选集》、东北书店版1948年版《毛泽东选集》等，在韶山毛泽东图书馆毛泽东思想研究资料中心数字资源平台都可全文阅览并可下载，后两种也可在超星数字图书馆全文阅览并下载。

1949年10月以前，报刊上发表的毛泽东著作的电子版（镜像版）资料，有一部分已可在上海图书馆民国期刊全文数据库、大成老旧刊全文数据库、爱如生中国近代报刊库、瀚堂近代报刊数据库、瀚文民国书库等一些数据库中查阅。人民日报图文数据库、申报数据库等，已是数字编码的全文文本智能版数据库，不仅可以看到图片资料，也可以看到文本化资料，并可以下载，可以粘贴到文档中。

总体来看，1949年10月以前的毛泽东著作的电子版资料还不多，很多图书馆收藏了1949年10月以前的毛泽东著作，但还没有将馆藏的毛泽东著作数字化。随着红色收藏的兴起，大量的1949年10月以前的毛泽东著作在各个收藏家手里，他们收藏的毛泽东著作的数字化还是个未知数。

毛泽东著作版本数字化的目标是在《毛泽东著作版本联合目录》《毛泽东著作版本合集》的基础上，建设"毛泽东著作版本数据库"，并且是智能型的数据库。中华书局和古联公司牵头承建"国家古籍资源数据库"，已在2018年基本完成、上线，希望"毛泽东著作版本资源数据库"也能尽早建成、上线。

毛泽东著作版本，要完全实现数字化，还有很长的一段路要走。而毛泽东著作版本研究要完全实现数字化，就有更长的路要走。

版本研究的主要工作是：全面搜集版本；进行版本校勘——校异同，定是非；写校勘记。其中的关键环节是校勘。目前已有一些与校勘相近的软件或数据库，版本校勘中的校异同的软件也有初步的开发，但版本校勘中的定是非、写校勘记，此类软件目前还没有。

目前，具有校对功能的软件或数据库已有一些。如查重数据库，可以把被查文本与已有文本的相同之处找出来，有"校异同"的功能。但这样的校异同的基础是：一是被查文本与已有文本都是数字化的文本，被查文本必须是word文本，pdf文本、jpg（图片）文本不行。二是被查文本与已有文本都是横排本。三是被查文本与已有文本都是中文简体字。又如校对软件，如"黑马文字校对""方正金山中文校对""三欧""文捷""人工智能校对通"以及"啄木鸟"等系统，都可实现多种文本错误的自动校对。但以上系统基本上是基于"词组"校对的辅助校对系统，存在以下不足之处：表现出同样错误的一些字、词错误不能被发现；对涉及句法、语义的许多错误无法发现；误判率较高；纠错能力不强等。① 这些校对软件操作的基础也是校对与被校对的文本都必须是word文本，pdf文本、jpg（图片）文本不行，并且须是横排本。查重、校对等软件或数据库的算法设计，不是按文本校勘的要求设计的，还不能用于文本校勘。

中国古籍，都是竖排本、繁体字，中国古籍的版本校勘的数字化尝试已开始。如2001年，南京农业大学组建的中华农业文明研究院对中国农业古籍开始进行数字化整理、编纂、校勘的研究、尝试。中华农业文明研究院的博士生、硕士生，已有多篇论文对中国农业古籍数字化整理、编纂、校勘进行了研究。其中，2007年常娥的博士论文《古籍智能处理技术研究——农业古籍自动编纂和自动校勘的研究》（后改题《古籍自动校勘和编纂研究》，由安徽师范大学出版社2012年出版），已提到根据自动校勘的原理，借鉴中文文本自动校对和模式匹配技术，设计出一种暂且被称为"窗口匹配技术"的自动校勘算法，但还有不少问题有待解决。②

2017年9月29日，"古籍整理与数字化论坛"在南京大学召开。吴葆勤发表了论文《传统校勘流程向数字化平台迁移的初步探索——以中华书局点校本〈三国志〉的修订为例》，介绍了他在古籍版本校勘数字化工作中的初步成果。并谈道："目前的数字文献大致分为传统平面媒体文献的数字影像、数字编码的全文文本以及结构化的数据库。"把传统校勘向数字化平台迁移，是把数字编码的全文文本装进结构化的数据库（不是把数字影像装进结构化的数据库）。即先把每一个版本文本化，然后使用SQL（Structured Query Language，结构化数据库软件，2008版）进行校勘处理。我们与他交流时，他说《三国志》近70万字，一个版本文本化（精准）需要8个月，已花近三年做了主要的三四个版本的文本化，以后准备把20个左右的版本全部一个一个

① 常娥：《古籍自动校勘和编纂研究》，安徽师范大学出版社2012年版，第41页。

② 常娥：《古籍自动校勘和编纂研究》，安徽师范大学出版社2012年版，第43页。书中第89页谈到了这款算法的不足："在测试的过程中，我们发现有部分异文信息无法正确比对出来，主要是因为匹配窗口设置的大小影响着校勘的结果。匹配窗口的设置原则是大于等于版本间最大的脱（衍）文字数，比如两个版本间的最大的脱（衍）文字数为10，那么匹配窗口的大小应该大于等于10。但通常匹配窗口设置得越大，自动校勘的结果就越不精确，即系统给出的一条校勘结果将包含两条或两条以上的异文信息。测试时这种不精确的校勘结果被判断为错误的校勘结果，同时认为语料库中存在的异文信息未被校勘系统识别出来。因此，如何改进基于窗口匹配技术的自动校勘算法，减小匹配窗口设置的大小对校勘结果的影响，从而使自动校勘的召回率和精确率均达到100%，是本课题今后需要努力实现的研究目标。"

文本化。"从collation（比对）到criticism（评判）的传统校勘流程向数字化平台迁移，我们有了三点思考：一是collation的半自动化完全可以通过技术手段实现，这当然要以古籍版本的全文数字化为前提；二是criticism所需要参考的各类学术文献，完全可以通过数字化平台汇聚，并有无限拓展的空间；三是'定是非'的核心工作，任何技术手段只能辅助而不能取代，必须完全依靠研究者自身的学识，这也正是学者永恒的价值所在。"①

无论是农业古籍数字化校勘，还是《三国志》数字化校勘，其基础是校勘与被校勘文本必须是word文本，pdf文本、jpg（图片）文本不行，并且都必须是横排本。

毛泽东著作版本校勘的数字化怎么搞，中国古籍数字化校勘已带来了可资借鉴的经验。

毛泽东著作，特别是1949年10月以前的版本，大量的是竖排本，全部是繁体字本。人民出版社1951—1960年出版的《毛泽东选集》第一版，也是竖排本、繁体字本（1991年出版的《毛泽东选集》第二版，是横排本、简体字本）。这种情况的毛泽东著作版本校勘的数字化，要做以下工作：

第一步，建设数字影像（镜像）版本数据库。即把所有种类版本的毛泽东著作，每一种版本挑选出品相最好的本子，进行数字影像（镜像）化，比如进行数字化扫描，整理、加工成可检索、可使用的数字影像（镜像）版本数据库。这一步工作的难度在能不能搜集到毛泽东著作所有种类版本中的品相最好的本子，而高清晰度、高速度的扫描，扫描后进行图像大小压缩的批处理，以便于查看传输，这方面的技术已很成熟。当然，扫描后文件的命名、编辑，还需要人工的支持。

第二步，建设数字编码的全文文本智能版本数据库。即把所有扫描后的影像（镜像）文件文本化，比如word文档化。这一步工作，有的可以利用软件完成，有的则必须人工完成。

目前，已有不少很优质的OCR文字识别软件，但一般只能对横排版的简体字、繁体字图像进行批处理文字识别（准确率一般在90%左右），对竖排版的简体字、繁体字图像进行批处理文字识别的软件还没有开发出来。所

---

① 中华经典古籍库，微信号：jingdianguji。我们使用的《传统校勘流程向数字化平台迁移的初步探索——以中华书局点校本〈三国志〉的修订为例》文本，由吴葆勤提供。

以竖排版的简体字、繁体字毛泽东著作的word文档化，还须人工进行文字录入。当然，也希望对竖排版的简体字、繁体字图像能进行批处理文字识别的软件尽早开发出来。

1949年10月以前，不少毛泽东著作的纸张质量、印刷质量差，有的印刷本中有些文字，肉眼已看不清楚，扫描后的影像（镜像）本，其中有些文字就更模糊，再优质的文字识别软件也无法进行文字识别。还有一部分油印本，文字识别软件进行文字识别更难。这些毛泽东著作的word文档化，也须人工进行文字录入。

毛泽东著作还有很多手稿本，这些手稿本不少是草书，现在还没有文字识别软件可以对此进行文字识别。这些毛泽东著作的word文档化，也须人工进行文字录入。而且文字录入者须有一定的书法修养，否则容易出现文字录入的错误。

为了确保文字识别、文字录入的准确无误，文字识别、文字录入后形成的文档，必须进行两次以上的人工校对。

文字识别、文字录入后形成的文档，如果是繁体字本，还要转化成简体字本，这可以通过软件进行批处理，但批处理后的文档，必须进行两次以上的人工校对，确保文字的准确无误。

第三步，建设版本校勘结构化的数据库。即运用校勘软件等进行已经文本化的不同版本的校勘。这个数据库含有校勘软件，还含有校勘辅助工具，如人名表、地名表、异体字表、繁简字对照表、清朝民国纪年表、阴历公（阳）历换算表、韵目代日表、中国共产党历次代表大会资料、中国共产党组织史资料、中国共产党武装部队史资料、中国共产党工人运动史资料、中国共产党青年运动史资料、中国共产党妇女运动史资料、毛泽东生平思想资料、中共中央文件选集等辅助工具，这些辅助工具可以在校勘过程中列出异文的同时，提供一些相关的资料，帮助校勘者进行判断、定是非。

第四步，不断完善版本校勘结构化的数据库。使这个数据库不断智能化，比如可以在校勘过程中列出异文的同时，自动生成简单的校勘记，然后由人工加工成完善的校勘记。

（五）培养毛泽东著作版本研究人才

毛泽东著作版本研究大有可为。毛泽东著作版本研究学科应该大力发展。当前，毛泽东著作版本研究的人才极为缺乏，大力培养对毛泽东著作版本研究基本理论、基本知识扎实，有数字化功底，有创新精神，严谨、踏实、沉稳的研究人才，刻不容缓，而且是一项艰巨任务。

1. 有的年轻学者没有全面搜集、研究版本，就随意谈版本变化

有学者提出，毛泽东《中国共产党在抗日时期的任务》最早的版本是1937年5月1日出版的《解放》周刊第2期上发表的《中国抗日民族统一战线在目前阶段的任务（四月十日在延安共产党活动分子会报告提纲）》。第二个版本是毛泽东在1937年5月2日至14日延安召开的苏区党代表会议上作的《目前政治形势与党的任务》的政治报告。文中说：

《新中华报》全程报道了此次会议的召开情况并率先发表了（按：毛泽东政治报告）若干标题和部分内容。据《新中华报》记载，1937年5月4日，毛泽东继续报告"我们的领导责任"与"苏区红军今后的任务"，其任务有：（一）把红军提高到适合抗日民族革命战争的新阶段。为此目的，红军应即改组为国民革命军，并将军事的政治的文化的教育提到超过自己现状及一切国内军队的水平之新阶段，造成为民族革命战争的模范兵团。（二）苏区改变为统一的民主共和国的组成部分，实行新的民主制度，重新编制保安部队，肃清汉奸捣乱分子，造成抗日与民主的模范区。（三）在此区域内实行有计划的经济建设。恢复与增进人民的经济生活状况。（四）以消灭文盲为目的，实行有计划的文化建设。（按：这里引《新中华报》报道的毛泽东政治报告的内容还不够全面。报道的原文为："全苏区党代表大会于五三、五四、五五继续开会，五月三日整天由毛主席报告目前政治形势与党的任务……报告内容是：（一）民族矛盾与国内矛盾的目前发展阶段，（二）为民主自由而斗争。五月四日……下午一时起毛主席继续报告我们的领导责任与苏区红军今后的任务，其任务是：在为抗日民族统一战线与统一的民主共和国而斗争的任务之下，红军与苏区的任务是：（一）把红军提高到适合抗

日民族革命战争的新阶段……" ①以下见前引）

并说，经对比，上述引文并未刊载于《解放》周刊。这段引文的生成背景是，当时参加"苏区代表会议"的共有200多人，不仅包括苏区代表，还有远道而来的白区和红军代表参加，而毛泽东在1937年4月10日召开的"延安共产党活动分子会"上（即《解放》周刊版）并没有论及苏区和红军的任务，鉴于此，毛泽东在5月4日对此问题作了论述。上述文字可以说是对《解放》周刊版本的重要补充。值得注意的是，除《解放》周刊版早于"苏区（党）代表会议"，无记载外，其余各种版本均在"苏区（党）代表会议"后出版或印刷，对此段文字亦无记载。直到新中国成立后，1951年毛泽东亲自编辑《毛泽东选集》，经修改后才加上这段文字。②

以上的叙述有两个要点：一是《新中华报》报道的毛泽东政治报告中的"苏区红军今后的任务"的内容是《解放》周刊版中没有的。二是《新中华报》报道的毛泽东政治报告中的"苏区红军今后的任务"的内容文字，在"苏区党代表会议"以后出版或印刷的各种版本中都没有，直到1951年毛泽东亲自编辑《毛泽东选集》，才加上这段文字。

说《新中华报》报道的毛泽东政治报告中的"苏区红军今后的任务"的内容文字，在"苏区党代表会议"以后出版或印刷的各种版本中都没有，直到1951年毛泽东亲自编辑《毛泽东选集》才加上这段文字，据我们进行的版本搜集与研究，这种说法是不符合事实的，是错误的。实际上，"苏区党代表会议"后出版或印刷的涉及苏区党代表会议报告的很多版本，都已加上《新中华报》报道中的"苏区红军今后的任务"的内容文字。

文章提到的，"苏区党代表会议"后出版或印刷的版本有：1937年6月，解放社就以《毛泽东同志在苏区党代表大会上的政治报告及结论》为题，将其和《为争取千百万群众进入抗日民族统一战线而斗争》合编出版单行本，这是目前所见较早的单行本。这个单行本是不多见的。这个单行本的封面题"毛泽东同志在苏区党代表大会上的政治报告及结论"，正文分："（甲）

① 《新中华报》1937年5月6日第三版《党代表会议续开》。

② 李膦：《〈中国共产党在抗日时期的任务〉之版本与内容演变》，《南京大学学报》2016年第3期。

报告提纲 中国抗日民族统一战线在目前阶段的任务"；"（乙）结论 为争取千百万群众进入抗日民族统一战线而斗争"。这里的"（甲）报告提纲 中国抗日民族统一战线在目前阶段的任务"，分为三大部分19个小节，有序号"（一）"至"（十九）"。而《解放》周刊版的《中国抗日民族统一战线在目前阶段的任务》，为三大部分18个小节，有序号"（一）"至"（十八）"。单行本增加了一小节：

（十四）在为抗日民族统一战线与统一的民主共和国而斗争的任务之下，红军与苏区的任务是：（一）把红军提高到适合抗日民族革命战争的新阶段……（二）苏区改变为统一的民主共和国的组成部分……（三）在此区域内实行有计划的经济建设，恢复与增进人民的经济生活状况。（四）以消灭文盲为目的，实行有计划的文化建设。①

这里增加的文字，正是《新中华报》报道的毛泽东政治报告中的"苏区红军今后的任务"的内容文字。

文章提到的"苏区党代表会议"后出版或印刷的版本有"《毛泽东论文集》（1937）"，这个版本，文章中没有注明出版社，版本项不全。《毛泽东论文集》是大众出版社1937年12月出版的，其中收入了《中国抗日民族统一战线在目前阶段的任务》，这个主标题与《解放》周刊版相同，但没有副标题"四月十日在延安共产党活动分子会报告提纲"。《毛泽东论文集》的《中国抗日民族统一战线在目前阶段的任务》，分为三大部分19个小节，有序号"（一）"至"（十九）"。也比《解放》周刊版的《中国抗日民族统一战线在目前阶段的任务》多了一小节：

（十四）在为抗日民族统一战线与统一的民主共和国而斗争的任务之

---

① 《毛泽东同志在苏区党代表大会上的政治报告及结论》，解放社1937年6月版，第13页。这个单行本，是不多见的，我们咨询过一些图书馆，他们都没有此书。我们在孔夫子旧书网上见到此书，标价80000元，卖主在网上提供了此书的封面、版权页，详见http://book.kongfz.com/12779/746515266/。我们打电话给卖主，在电话中详细了解了此书的情况。以后，日本朋友矢吹晋教授将东洋文库中所藏《毛泽东同志在苏区党代表大会上的政治报告及结论》复制本复印后扫描发给了我们，得以见到此书。

下，红军与苏区的任务是：1．把红军提高到适合抗日民族革命战争的新阶段……2．苏区改变为统一的民主共和国的组成部份……3．在此区域内实行有计划的经济建设……4．以消灭文盲为目的，实行有计划的文化建设。①

这里增加的文字，也是《新中华报》报道的毛泽东政治报告中的"苏区红军今后的任务"的内容文字。

文章提到的"苏区党代表会议"后出版或印刷的版本有"《抗日救国指南》第一辑（1937）"，这个版本，文章中没有注明出版社，版本项也不全，不知是否确实看到过？我们见到的《抗日救国指南》第一辑，署：K.N编，著者：毛泽东、陈绍禹（王明）、洛甫、李富春、凯丰，抗日战术研究社1937年12月1日出版，1938年1月10日再版。这是一本多人论著的合集，采用一篇论著为一章的形式排列：

第一章　日寇侵略的新阶段与中国人民斗争的新时期　陈绍禹（王明）
第二章　国共两党统一战线成立后中国革命的迫切任务　　　　毛泽东
第三章　中国抗日民族统一战线在现阶段的任务　　　　　　　毛泽东
第四章　为争取千百万群众进入抗日民族统一战线（而斗争）　毛泽东
第五章　迎接对日抗战的伟大时期的到来　　　　　　　　　　洛甫
……

总计十二章。其中第三章的标题"……现阶段的任务"与《解放》周刊版"……目前阶段的任务"已略有不同，也没有副标题。全文也分为三大部分19个小节，有序号"（一）"至"（十九）"。也有：

（十四）在为抗日民族统一战线与统一的民主共和国而斗争的任务之下，红军与苏区的任务是：1．把红军提高到适合抗日民族革命战争的新阶段……2．……3．……4．以消灭文盲为目的，实行有计划的文化建设。②

---

① 《毛泽东论文集》，大众出版社1937年12月版，第32页。
② 《抗日救国指南》第一辑，K.N编，抗日战术研究社1938年1月10日再版，第46页。

绪　论

这些文字，也正是《新中华报》报道的毛泽东政治报告中的"苏区红军今后的任务"的内容文字。

文章提到的"苏区党代表会议"后出版或印刷的版本有"晋察冀版《毛泽东选集》（第三卷）（1947）"，这是1947年3月中共中央晋察冀中央局印的《毛泽东选集》，其中卷三收入了《中国抗日民族统一战线在目前阶段的任务》，这个主标题与《解放》周刊版相同，但副标题为"一九三七年五月三日在苏区党代表大会上的政治报告提纲"。这个版本也是三大部分19个小节，有序号"（一）"至"（一九）"。其中有：

（一四）在为抗日民族统一战线与统一的民主共和国而斗争的任务之下，红军与苏区的任务是：（1）把红军提高到适合抗日民族革命战争的新阶段……（2）……（3）……（4）……①

这些文字，也正是《新中华报》报道的毛泽东政治报告中的"苏区红军今后的任务"的内容文字。

文章提到的"苏区党代表会议"后出版或印刷的版本有"东北书店版《毛泽东选集》（第三卷）（1948）"，东北书店版1948年5月出版的《毛泽东选集》卷三收入了《中国抗日民族统一战线在目前阶段的任务》，并有副标题为"一九三七年五月三日在苏区党代表大会上的政治报告提纲"。这个版本也是三大部分19个小节，有序号"（一）"至"（一九）"。其中有：

（一四）在为抗日民族统一战线与统一的民主共和国而斗争的任务之下，红军与苏区的任务是：（一）把红军提高到适合抗日民族革命战争的新阶段……（二）……（三）……（四）……②

这些文字，也正是《新中华报》报道的毛泽东政治报告中的"苏区红军今后的任务"的内容文字。

文章提出，据考证，以上版本所载该文均无时间标注，仅东北书店版

---

① 《毛泽东选集》卷三，中共中央晋察冀中央局1947年10月印，第12—13页。

② 《毛泽东选集》卷三，东北书店版1948年5月版，第363页。

《毛泽东选集》（第三卷）（1948）以《中国抗日民族统一战线在目前阶段的任务（一九三七年五月三日在苏区党代表大会上的政治报告提纲）》为题收入。这也不准确，"晋察冀版《毛泽东选集》（第三卷）（1947）"，就有副标题"一九三七年五月三日在苏区党代表大会上的政治报告提纲"。

文章提到的"苏区党代表会议"后出版或印刷的版本中，就有《新中华报》报道的毛泽东政治报告中的"苏区红军今后的任务"的内容文字，文章却说《新中华报》报道的毛泽东政治报告中的"苏区红军今后的任务"的内容文字，在"苏区党代表会议"以后出版或印刷的各种版本中都没有，直到1951年毛泽东亲自编辑《毛泽东选集》，才加上这段文字，这显然是个错误。如此来谈"版本与内容演变"，很不严谨。

"苏区党代表会议"以后，1949年以前，出版或印刷的涉及苏区党代表会议报告的版本很多，而这些版本中也已经有《新中华报》报道的毛泽东政治报告中的"苏区红军今后的任务"的内容文字。如：1937年9月18日《救国时报》第123、124期（九一八纪念特刊）第二、三版发表了《中共领袖毛泽东先生在中国共产党苏区党代表大会上的政治报告提纲及结论——二十六年五月三日至七日》（按："二十六年"即民国二十六年，即一九三七年），然后分："（甲）报告提纲 中国抗日民族统一战线在目前阶段的任务"，"（乙）结论为争取千百万群众进入抗日民族统一战线而斗争"。而"（甲）报告提纲 中国抗日民族统一战线在目前阶段的任务"，也是三大部分19个小节，有序号"（一）"至"（十九）"。其中的"（十四）"也是"在为抗日民族统一战线与统一的民主共和国而斗争的任务之下，红军与苏区的任务是：1．把红军提高到适合抗日民族革命战争的新阶段……2．……3．……4．……"即《新中华报》报道的毛泽东政治报告中的"苏区红军今后的任务"的内容文字。

中共中央书记处1941年编印《六大以来》（上），中共中央书记处1941年编印《六大以来选集》（上），中共中央书记处1943年编印《两条路线》（上），都收入了《毛泽东同志在苏区党代表大会上的政治报告及结论》，并都标明时间"一九三七年五月三日至七日"。在"毛泽东同志在苏区党代表大会上的政治报告及结论"总标题下，然后分："甲 报告——中国抗日民族统一战线在目前阶段的任务（提纲）"，"乙 结论——为争取千百万群众进入抗日民族统一战线而斗争"。而"甲 报告——中国抗日民族统一战线在目前阶段的任务（提纲）"，也都是三大部分19个小节，有序号"（一）"至"（十九）"。其中的"（十四）"也是"在为抗日民族统一战线与统一的民主共和国而斗争的任务之下，红军与苏区的任务是：（一）把红军提高到适合抗日民族革命战争的新阶段……（二）……（三）……（四）……"即《新中华报》报道的毛泽东政治报告中的"苏区红军今后的任务"的内容文字。

中共中央山东分局1944年编印《党的路线问题选集》第一册也收入了《毛泽东同志在苏区党代表大会上的政治报告及结论》，并标明时间"一九三七年五月三日至七日"。也是分："甲 报告——中国抗日民族统一战线在目前阶段的任务（提纲）"，"乙 结论——为争取千百万群众进入抗日民族统一战线而斗争"。而"甲 报告——中国抗日民族统一战线在目前阶段的任务（提纲）"，也是三大部分19个小节，有序号"（一）"至"（十九）"。其中的"（十四）"也是《新中华报》报道的毛泽东政治报告中的"苏区红军今后的任务"的内容文字。

晋察冀日报社版编、晋察冀新华书店1944年5月初版、1945年3月再版的《毛泽东选集》是最早的《毛泽东选集》，其中卷二收入了《中国抗日民族统一战线在目前阶段的任务（一九三七年五月三日在苏区党代表大会上的政治报告提纲）》，也是三大部分19个小节，有序号"（一）"至"（十九）"。其中的"（十四）"也是《新中华报》报道的毛泽东政治报告中的"苏区红军今后的任务"的内容文字。

中共晋察冀中央局编、太岳新华书店1947年10月发行的《毛泽东选集》卷三收入了《中国抗日民族统一战线在目前阶段的任务(一九三七年五月三日在苏区党代表大会上的政治报告提纲)》，这是1947年3月中共晋察冀中央局编印的《毛泽东选集》的翻印本，也是三大部分19个小节，有序号"（一）"至"（一九）"。其中的"（一四）"也是《新中华报》报道的毛泽东政治报告中的"苏区红军今后的任务"的内容文字。

……

以上这些版本是文章中没有提到的。足见，早在1951年毛泽东亲自编辑《毛泽东选集》前，不少收入苏区党代表会议报告版本，就已经把《新中华报》报道的毛泽东政治报告中的"苏区红军今后的任务"的内容文字加上了，而且有时间标注。

研究毛泽东著作版本及其变化，首先就要竭尽全力、千方百计全面搜集各种版本，然后认真校勘、研究各种版本，才有基础、有条件来谈版本与内容的变化，否则就谈不好版本与内容的变化，一谈就出错。

2. 有的年轻学者不进行全面、辩证的分析研究就轻易下结论

1937年5月2日至14日，中国共产党在延安召开了苏区党代表大会（当时也称"苏区党代表会议"。1949年10月以后称"中国共产党全国代表会议"）。这是一次为了迎接国共合作全面抗战新时期的中国共产党的全国性的重要会议。毛泽东在会上作了《目前政治形势与党的任务》的政治报告。

关于这次会议的报告人，以上提到的文章中说：按惯例，全国性的代表大会应由当时党的最高负责人作政治报告，据1937年4月26日的《新中华报》报道，此次报告原准备由洛甫（张闻天）作，正式开会时，改由毛泽东作政治报告。又说，"苏区（党）代表会议"于5月2日下午1时正式开幕，洛甫（张闻天）宣布开会并致开幕词，通过大会主席团和议事日程，决定由毛泽东作《目前政治形势与党的任务》的报告。这里的意思是，张闻天是当时党的最高负责人，苏区党代表会议，按惯例应是张闻天作政治报告，而且，报纸上已公开说是张闻天作政治报告，而到正式开会时，改由毛泽东作政治报告。而且认为，苏区代表会议开幕会上，通过大会议事日程，决定由毛泽东作《目前政治形势与党的任务》的报告。似乎是到了苏区代表会议开幕会上临时决定由毛泽东作《目前政治形势与党的任务》的报告。按惯例，全国性的代表大会应由当时党的最高负责人作政治报告，到正式开会时临时换掉，即中国共产党的一个全国性重要会议，原定的会议报告人到正式开会时临时换掉，其真实性值得研究。

我们认为，在苏区党代表会议上作政治报告的报告人大概一开始定的就是毛泽东，《新中华报》报道说报告人是洛甫（张闻天），大概是《新中华报》报道的误传。理由如下：

第一，从1931年11月到1937年9月的中国共产党领导的政府（政权）都称苏维埃政府①，苏维埃政府领导的区域称苏区，而苏维埃政府的主席是毛泽东，苏区党代表会议上由苏维埃政府主席作政治报告，应该是顺理成章的。

《新中华报》1937年5月3日《苏区党代表会议正式开幕》报道中说：苏区党代表会议开幕会上，"经大会一致决定以毛泽东、洛甫、博古、朱德、张国焘、刘少奇、林伯渠……刘长胜等十九人为主席团。"②苏区党代表会议主席团为什么以毛泽东为首？因为毛泽东是苏维埃政府主席。毛泽东是苏维埃政府最高领导人，苏区党代表会议由毛泽东作主要报告，是理所当然的。

《新中华报》1937年5月6日的报道中说："全苏区党代表大会于五三、五四、五五继续开会，五月三日整天由毛主席报告目前政治形势与党的任务……五月四日上午各代表团分组讨论毛主席报告，下午一时起毛主席继续报告我们的领导责任与苏区红军今后的任务……"③称毛泽东为"毛主席"，因为毛泽东是苏维埃政府的主席。从这样的报道中可以体会到，当时苏区党代表会议上由毛泽东作政治报告是名正言顺的，是很受欢迎的。

第二，毛泽东在苏区党代表会议上报告的主要内容是讲国共合作抗战的必要性、可能性及方针政策、具体做法，宣传、解释中国共产党的方针政策在抗战新时期的重大变化。而这样内容的报告，毛泽东在1937年4月10日已作过，即在延安共产党活动分子会上作的《中国抗日民族统一战线在目前阶段的任务》报告（这个报告的提纲发表在1937年5月1日出版的《解放》周刊第2期）。这大概可以说明，毛泽东早就为苏区党代表会议的政治报告作好了准备。实际上，再早一点，1937年3月23日—31日中共中央政治局扩大会议上毛泽东的发言，就是延安共产党活动分子会上报告的初稿。毛泽东谈道：中日矛盾是主要的，国内矛盾降到次要地位，我们政策的变化，主要就是根据这一点。三民主义的革命的方面，与我们现时的政纲不是相冲突的，我们应该拿起这一武器。阶级斗争应该以照顾大局为原则。土地革命现在不是主

---

① 具体名称在不同的时期略有不同。1937年9月6日，中华苏维埃民主共和国中央政府西北办事处更名为"中华民国陕甘宁边区政府"。9月22日，宣布苏维埃国家政权形式正式结束，陕甘宁边区政府成为民国政府的一个特别行政区。

② 《新中华报》1937年5月3日第二版《苏区党代表会议正式开幕》。

③ 《新中华报》1937年5月6日第三版《党代表会议续开》。

导的地位。在抗日民族统一战线中要坚持中国共产党的领导权。① "我们要得到以下保障：（一）积极地参加民主与民族运动，（二）党的独立性，（三）我们在全国的宣传任务，（四）我们在全国的组织任务。" ② 这次中共中央政治局扩大会议，由张闻天主持并作结论，提出了要召开苏区党代表会议。③ 可以说，这次中共中央政治局扩大会议后，担任苏维埃政府主席的毛泽东即以在中央政治局扩大会议上的发言为基础开始准备苏区党代表会议的政治报告，准备后，先在延安共产党活动分子会上作了报告，然后进一步补充完善，再在苏区党代表会议上作报告。

第三，张闻天在1937年3月23日一31日中共中央政治局扩大会议上作了形势与党的任务的报告（这个报告以《国民党三中全会后的形势与党的任务》为题，收入中共党史出版社1993年版《张闻天文集》第二卷），但这个报告没有从主要矛盾的变化来谈形势与党的任务，讲得没有毛泽东深刻、全面。会后，1937年4月3日，中共中央宣传部发布宣传大纲《国民党三中全会后我们的任务》，这是张闻天起草的，其中"（四）共产党对三民主义的态度" "（五）中日矛盾是中国革命目前阶段上的主要矛盾" ④ 等，采用的是毛泽东在政治局扩大会议上发言的内容，他自己在政治局扩大会议上的报告中是没有这些内容的。这说明对抗战新时期新任务的认识，张闻天没有毛泽东认识得深刻、全面，也说明张闻天是赞同毛泽东的意见的。张闻天从遵义会议以后，就一直支持、维护毛泽东的意见，他肯定是支持比他高明的毛泽东在苏区党代表会议上作政治报告。

1937年4月24日，张闻天主持中共中央政治局会议，宣布苏区党代表会议的议事日程有两项：一是政治报告，二是组织问题报告。⑤ 但没有说，由自己作政治报告。而同一天创刊的张闻天主编的《解放》周刊，在最后的《解放周刊第二期要目预告》中第一条就是"中国抗日民族统一战线在目前阶段

---

① 详见中共中央文献研究室编：《毛泽东年谱 1893—1949》上卷，人民出版社、中央文献出版社2013年版，第666页。

② 中共中央文献研究室编：《毛泽东年谱 1893—1949》上卷，人民出版社、中央文献出版社2013年版，第667页。

③ 张培森主编：《张闻天年谱》，中共党史出版社2010年修订版，第305-306页。

④ 详见张闻天选集编辑组：《张闻天文集》第二卷，中共党史出版社1993年版，第232—237页。

⑤ 张培森主编：《张闻天年谱》，中共党史出版社2010年修订版，第312页。

的任务…………毛泽东"。

在苏区党代表会议开幕前夕，1937年5月1日出版的《解放》周刊第2期发表了毛泽东《中国抗日民族统一战线在目前阶段的任务（四月十日在延安共产党活动分子会报告提纲）》。张闻天主编的《解放》周刊，所以要发表毛泽东的报告，就是因为，毛泽东的报告水平高，说服力强；所以要在苏区党代表会议开幕前夕发表这个报告，实际上也就是为苏区党代表会议提供会议文件，以便发给会议代表人手一份，这就是在说，这个报告就是会议上毛泽东将作的报告内容。张闻天主编的《解放》周刊这样做，就是张闻天赞同毛泽东的报告的论述、支持毛泽东在苏区党代表会议上作政治报告的表现。

第四，《新中华报》1937年4月26日《苏区党代表会议开幕在即各地纷纷选举出席代表》报道中说："闻大会重要报告有二：一、目前政治形势与党的新任务——洛甫同志报告。二、激（积）极转变苏区工作——博古同志报告。闻代表大会将决定六日（自五月一日起至五月六日止）"①。这里"闻……闻……"即"听说……"，可能不一定准确。4月24日，张闻天宣布苏区党代表会议有两个报告：一是政治报告，二是组织问题报告。记者可能以为是张闻天宣布的，政治报告就由张闻天作。张闻天宣布的"组织问题报告"，记者也误写成"激极转变苏区工作"报告。记者说会议为六天，"自五月一日起至五月六日止"，也不对，会议是自五月二日起至五月十四日止。所以这篇《新中华报》的报道，是不足为据的，是不可信的。当时办的《新中华报》，各方面的条件都有限，又是一份手刻写、油印的报纸，出现一些报道的失实是难免的。

第五，《新中华报》1937年5月3日《苏区党代表会议正式开幕》报道中说：苏区代表大会于五月二日下午一时正式开幕。首先由洛甫同志宣布开会，致开会词报告约两时许。接着就是通过大会主席团……"嗣后通过大会议事日程：（一）目前政治形势与党的任务的报告（毛泽东同志）（二）关于苏区党的组织问题的报告（博古同志）及大会规则。"②这篇报道，是对已发生的事实进行报道，自然就较准确了。苏区党代表大会开幕会上通过的

① 《新中华报》1937年4月26日第三版《苏区党代表会议开幕在即各地纷纷选举出席代表》。
② 《新中华报》1937年5月3日第二版《苏区党代表会议正式开幕》。

大会议事日程，这个议事日程，肯定不是临时决定的，而是事先或者说一开始筹备会议就计划好的，即不仅两个报告是事先计划好的，而且报告人也是事先计划好的，而决不会临时改变、临时决定的。所谓：会议通过大会议事日程，决定由毛泽东作《目前政治形势与党的任务的报告》。这不是《新中华报》报道的原文，是该学者为了突出报告人临时改变添加的，这种添加是主观的、不妥的。

从《苏区党代表会议正式开幕》报道中也可以了解到，张闻天主持了开幕会，并致开幕词，讲了约两小时（这个开幕词后以《中国共产党苏区代表会议的任务》为题，收入中共党史出版社1993年版《张闻天文集》第二卷），一般来说，致开幕词的人，不会再作大会报告。一个中国共产党的全国性的重要会议，谁主持开幕会，谁致开幕词，这也应该是事先计划好的，而决不会临时改变的，即决不会开始定张闻天作大会政治报告，毛泽东致开幕词，然后临时改为张闻天致开幕词，毛泽东作大会政治报告。

应该说，苏区党代表会议上作政治报告的报告人一开始定的就是毛泽东，不存在到了正式开会时，才决定由毛泽东作政治报告。

以上说明毛泽东著作版本研究界，应培养基本理论、基本知识扎实，治学严谨、踏实、沉稳的研究人才，这是一项刻不容缓且艰巨的任务。

（周一平）

《中国社会各阶级的分析》版本研究

一、写作背景、成文过程

1. 写作背景

第一次国共合作使得中国反帝、反封建革命运动如火如荼地展开，将晚清以来"三千年未有之巨变"推向高潮，形成大革命的潮流。中国社会各阶级都因代表着本阶级的利益、诉求而表现出对革命的不同态度。孙中山站在国民党主导的地位上，想利用中国共产党来振兴革命。中国共产党的一部分人认为中国的民族革命运动必须由无产阶级参加并领导，革命才能取得成功。但在共产党内部，也有一些其他观点，如以陈独秀为首，只强调国共合作而忽视无产阶级领导权，忽视农民运动；又如以张国焘为首，只重视工人运动而忽视农民运动。中国的无产阶级具有什么样的特点？在中国革命中处在什么地位？发挥怎样的作用？应该团结谁？反对谁？中国的农民阶级具有什么样的特点？分几个阶层？在中国革命中各阶层扮演什么样的角色？中国的资产阶级具有什么样的特点？分几个阶层？在中国革命中各阶层扮演什么样的角色？这些中国革命的基本的理论问题，关系中国革命的前途、命运。对这些问题，国共两党的认识不一样，中国共产党党内的认识也不一样。一些中国国民党人就这些问题写文章发表，一些中国共产党人也就这些问题写文章发表，如陈独秀《资产阶级的革命与革命的资产阶级》《中国农民问题》《中国国民革命与社会各阶级》，邓中夏《中国工人状况及我们运动之方针》《中国工人阶级的力量》，彭述之《谁是中国国民革命之领导者？》，罗亦农《殖民地的国民革命非无产阶级指导不可》《"五一"纪念与农民》《目前政治现状与民族革命的前途》，李大钊《土地与农民》等。毛泽东当时也一直在思考、研究这些问题。比如，《毛泽东年谱 1893—

1949》记载：1925年9月上旬，由长沙赴广州，路经宜章，会见了中共宜章地方执行委员会书记、一师同学高静山，谈对湖南农村阶级状况的看法，并征询高的意见。① "11月21日，填写《少年中国学会改组委员会调查表》。写道：'本人信仰共产主义，主张无产阶级的社会革命。惟目前的内外压迫，非一阶级之力所能推翻，主张用无产阶级小资产阶级及中产阶级左翼合作的国民革命，实行中国国民党之三民主义，以打倒帝国主义，打倒军阀，打倒买办地主阶级（即与帝国主义军阀有密切关系之中国大资产阶级及中产阶级右翼），实现无产阶级小资产阶级及中产阶级左翼的联合统治，即革命民众的统治。'" ② 在不断思考、研究的过程中，毛泽东从中国的实际、中国革命的实践经验出发，对中国社会各阶级的感性认识、理性认识，日益全面系统，并集众家之长，写下了《中国社会各阶级的分析》（以下简称"《分析》"）。

2. 成文发表过程

王连花在《毛泽东〈中国社会各阶级的分析〉的面世》中说到，《分析》是毛泽东1925年秋在韶山写的，并说了发表经过：

1925年秋，毛泽东呕心沥血，终于写成《中国社会各阶级的分析》这部光辉著作……毛泽东在昏暗的油灯下，把经过再三斟酌、多次修改的《分析》，装进一个信封，并在信封上写上"陈独秀收"几个字。原来，他准备把他刚刚完成的《分析》寄给党的最高领导人陈独秀，让他推荐在党的机关报上发表……信寄出去后，毛泽东在韶山忐忑地等了几个月。几个月后，等来的是令毛泽东大失所望的消息——陈独秀拒绝《分析》在党的机关刊物上发表。对于这段经历，毛泽东一直记忆深刻。1939年，毛泽东在与美国记者斯诺谈话时，回忆了这段经历，说："我那时文章写得越来越多，在共产党内，我特别负责农民工作。根据我的研究和我组织湖南农民的经验，我写了两本小册子，一本是《中国社会各阶级的分析》，另一本是《赵恒惕的阶级

---

① 中共中央文献研究室编：《毛泽东年谱 1893—1949》（修订本）上卷，中央文献出版社2013年版，第135页。

② 中共中央文献研究室编：《毛泽东年谱 1893—1949》（修订本）上卷，中央文献出版社2013年版，第139页。

基础和我们当前的任务》。陈独秀反对第一本小册子里表示的意见，这本小册子主张在共产党领导下实行激进的土地政策和大力组织农民。陈独秀拒绝在党中央机关报刊上发表它。"……1925年冬，在被陈独秀拒绝后，毛泽东又把稿子寄往其他杂志……12月，国民革命军第二军司令部政治部编辑的半月刊《革命》第四期刊登了《分析》一文……1926年2月，《中国农民》第二期全文转载了《分析》。《中国农民》是国民党农民部主办的全国性刊物，被这样一个刊物转载，进一步证明了《分析》一文的重要性……鉴于《分析》的较大影响，同年3月，中国社会主义青年团的机关刊物《中国青年》致信毛泽东，对该文提出修改意见，并决定把修改后的《分析》在当月再一次发表。毛泽东得到消息后，慎重地对《分析》进行了第一次修改。主要是对文章的结构和文字进行了加工，如第一段由原来的440多字缩减为不足200字。将大资产阶级"乃民族革命运动之死敌"改为"其政治主张之代表为国家主义"，等等。这次修改后，《分析》基本定型，成为现今我们所看到的版本……1926年5月，毛泽东在广州主办农民运动讲习所，为了更好地培训农运骨干，农讲所又重印了1926年2月出版的《分析》，发给学员作为课本使用。"毛泽东同志在这里主讲了这一专题"。①

王连花的文章，所有引用资料都没有注明出处，其中所说不知是否有根据。查《毛泽东年谱 1893—1949》（修订本）上卷，毛泽东是1925年2月6日，和杨开慧携毛岸英、毛岸青到韶山。回韶山后，一边养病一边做些社会调查②。没有记载毛泽东在韶山写《中国社会各阶级的分析》。8月28日，因得知赵恒惕电令湘潭县团防局派快兵逮捕毛泽东，毛泽东离开韶山，去长沙。9月中旬到广州③。10月7日，就任国民党中央宣传部代理部长④。1925年秋，毛泽东在广州，而不是在韶山。

---

① 王连花：《毛泽东〈中国社会各阶级的分析〉的面世》，《党史博览》2016年第11期。

② 中共中央文献研究室编：《毛泽东年谱 1893—1949》（修订本）上卷，中央文献出版社2013年版，第129页。

③ 中共中央文献研究室编：《毛泽东年谱 1893—1949》（修订本）上卷，中央文献出版社2013年版，第133—135页。

④ 中共中央文献研究室编：《毛泽东年谱 1893—1949》（修订本）上卷，中央文献出版社2013年版，第136页。

查《西行漫记》中毛泽东的自述，谈道："赵恒惕派军队追捕我，于是我逃到广州……我在广州担任《政治周报》的主编，这是国民党宣传部出版的一个刊物。后来它在抨击和揭露以戴季陶为首的国民党右派时，起了非常积极的作用。我还负责训练农民运动组织人员，为此目的，开办了一个讲习所，参加学习的来自二十一个不同省份的代表，包括从内蒙来的学生。我到广州不久，便任国民党宣传部长和中央候补委员。林祖涵那时是国民党农民部长，另一个共产党员谭平山是工人部长。我那时文章写得越来越多，在共产党内，我特别负责农民工作。根据我的研究和我组织湖南农民的经验，我写了两本小册子，一本是《中国社会各阶级的分析》，另一本是《赵恒惕的阶级基础和我们当前的任务》。陈独秀反对第一本小册子里表示的意见，这本小册子主张在共产党领导下实行激进的土地政策和大力组织农民。陈独秀拒绝在党中央机关报刊上发表它……" ①

毛泽东所说"我那时文章写得越来越多"，是指到广州后，担任了《政治周报》的主编，又担任了国民党宣传部代理部长以后，担任了这两个职务，自然写文章就多了。而且，担任了这两个职务，把《分析》交中国国民革命军第二军司令部主办的《革命》半月刊发表，应该是很方便的。

《分析》最早在《革命》半月刊1925年12月1日第四期发表。《中国农民》1926年2月1日第二期、《中国青年》1926年3月13日第116、117期合刊，先后转载了这篇文章，随后在广州汕头出版单行本。《分析》发表前后，毛泽东还把它作为教材，在广州第五、六届农民运动讲习所、国民党政治讲习所等进行讲授，并收入第五届农讲所教材。此后湖南省各县主办的农民运动干部训练班，也几乎都以此书为基本教材②。

王连花所说："《中国青年》致信毛泽东，对该文提出修改意见，并决定把修改后的《分析》在当月再一次发表。毛泽东得到消息后，慎重地对《分析》进行了第一次修改……"这个资料，《毛泽东年谱 1893—1949》（修订本）上卷、《西行漫记》中毛泽东的自述，都没有提到过。

---

① [美]埃德加·斯诺：《西行漫记》，生活·读书·新知三联书店1979年版，第135—136页。

② 《毛泽东〈中国社会各阶级的分析〉一文与党对中国革命问题的探索》，《人民日报》2007年4月11日，第2版。

二、主旨、意义

1. 主旨

《分析》强调了：要分清谁是我们的敌人，谁是我们的朋友。革命要有不领错路和一定成功的把握，不可不注意团结我们真正的朋友，以攻击我们的真正的敌人。我们要分辨真正的敌友，将中国社会各阶级的经济地位及其对于革命的态度，做一个大概的分析。《分析》运用马克思主义的阶级分析方法，实事求是地、全面系统地分析了中国的地主阶级、买办阶级、民族资产阶级、小资产阶级、半无产阶级、无产阶级的经济地位、革命态度。强调了中国的无产阶级"特别能战斗"，是革命主力军，实际上肯定了中国无产阶级是革命的先锋、领导力量。得出结论：一切勾结帝国主义的军阀、官僚、买办阶级、大地主阶级以及附属于他们的一部分反动知识界，是我们的敌人。工业无产阶级是我们革命的领导力量。一切半无产阶级、小资产阶级是我们最接近的朋友。那动摇不定的中产阶级，其右翼可能是我们的敌人，其左翼可能是我们的朋友——但我们要时常提防他们，不要让他们扰乱了我们的阵线①。

文章实际上论述了中国革命的领导力量、依靠对象、革命对象，比较正确地解决了中国革命的基本的理论问题。

2. 意义

《分析》基本上解决了中国革命的领导力量、依靠对象、革命对象的基本理论问题，为中国共产党制定正确的路线、方针、政策、战略、策略等奠定了理论基础。

《分析》阐述的思想理论，为中国共产党的新民主主义革命理论奠定了理论基础；为中国共产党的新民主主义革命总路线、总政策奠定了理论基础；为中国共产党的无产阶级领导权思想奠定了理论基础；为中国共产党的统一战线思想奠定了理论基础。

《分析》阐述的思想理论，是马克思主义理论与中国国情、中国革命实际相结合的一次尝试，开辟了马克思主义中国化的道路，开辟了毛泽东思想

---

① 《红藏·中国青年⑤》，湘潭大学出版社2014年版，第466—492页。

产生、发展的道路。

此后，在复杂曲折的革命斗争中，毛泽东思想不断发展，中国共产党的新民主主义革命理论不断发展，使中国共产党有了正确的思想理论指导，从而为中国共产党领导中国人民大众、团结一切可以团结的力量，打倒帝国主义、封建主义、官僚资本主义，赢得中国新民主主义革命的胜利不断开辟前进的道路。

在社会主义革命和建设时期、在改革开放新时期、在新时代，《分析》中强调的分清敌我友仍然是首要问题。在当代中国，《分析》中强调的坚持无产阶级领导权，团结一切可以团结的力量，即坚持中国共产党的领导，发展国内、国际的统一战线，仍然是中国再创辉煌的关键。

三、版本综述

《中国社会各阶级的分析》最早在《革命》半月刊1925年12月1日第四期发表，以后一些报刊转载并出版单行本，又被收入一些集子，主要版本如下：

（一）1949年10月以前的版本

1949年10月以前的版本主要有：《革命》半月刊1925年12月1日第四期（中国国民革命军第二军司令部主办）（以下简称"《革命》版"）；《中国农民》1926年2月1日第二期（中国国民党中央执行委员会农民部主办，以下简称"《中国农民》版"）；《中国青年》1926年3月13日第116、117期合刊（中国共产主义青年团中央委员会主办，以下简称"《中国青年》版"）；汕头书店单行本（1927年4月1日再版）；中共晋察冀中央局宣传部1946年4月编印《土地政策重要文件汇集》；中共太岳区党委1947年1月编印《土地政策选集》等。

（二）1949年10月以后的版本

1949年10月以后的版本主要有：《六大以前——党的历史材料》（中共中央书记处1942年10月编印，1951年中共中央办公厅再版补入该文）；《人民日报》1951年7月1日《分析》；《东北日报》1951年7月3日《分析》；《解放日报》1951年7月4日《分析》；《大公报》1951年7月4日《分析》；《群众日报》1951年7月11日《分析》；人民出版社1951年8月北京出版《分析》；人民出版社1951年10月版《毛泽东选集》第一卷（《毛泽东选集》以下简称"《毛选》"）；人民出版社1952年7月第二版《分析》；中华书局1953年1月版《分析》（俄华合订本）；人民出版社1958年版《分析》；文字改革出版社1960年1月版《分析》；台湾政治大学国际关系研究中心1961年编印《共匪祸国史料汇编》第四册；人民出版社1962年7月第二版《分析》；中国青年出版社1965年6月版《毛泽东著作选读》乙种本；《毛泽东著作选读》甲种本人民出版社1965年3月再版时增加此文；人民出版社1965年9月版《分析》；人民出版社1966年1月版《分析》；人民出版社1966年版《毛选》第一卷；人民出版社1975年12月版《分析》；人民出版社1986年版《毛泽东著作选读》（上）；1988年清样（未出版）《建党和大革命时期毛泽东著作集》；人民出版社1991年第二版《毛选》第一卷；香港商务印书1994年版《中国近代名家著作选粹·毛泽东卷》；台湾商务印书馆1994年版《毛泽东著作选》；西苑出版社2001年版《毛泽东选集手抄本》第一卷；润东出版社2013年版《毛泽东全集》第3卷等。还有中国少数民族文字版10多种，俄、英、法、德、意、日、越、孟加拉、波斯等外国文字本50种，盲文版1种，注音版1种。

还有一些书全文收入了《分析》，如：广州区高等学校政治课总教学委员会编印1951年版《辩证唯物论与历史唯物论学习资料》；中共北京市委宣传部编，北京出版社1960年版《理论学习文件》第一分册；中国人民解放军空军学院编，1960年版《文章基础知识》；《红星》编辑部编，甘肃人民出版社1960年版《学习唯物辩证的工作方法》；中国人民解放军战士出版社1978年10月版《毛泽东著作选读》（战士读本）；毛泽东同志主办农民运动讲习所旧址纪念馆编，中共广东省委党史研究委员会办公室、毛泽东同志主办农民运动讲习所旧址纪念馆编，1983年版《广州农民运动讲习所文献资料》（原文载于《中国农民》1926年第二期）；云南高校中共党史教学研究会、云南师范大学马列主义教研室编，1985年版《中国革命史原著选编·民主革命时期》（上）；浙江省中国革命史教学研究会1987年编印《中国革命史补充教材》；中共中央党校出版社编，中共中央党校出版社1990年版《〈马克思主义哲学学习纲要〉阅读文献》；冯文彬等，山西人民出版社1991年版《中国共产党建设全书 1921—1991》第一卷；韩扬主编，经济日报出版社1991年版《学习中共党史必读》；华东师范大学出版社1991年版《马克思主义原著读本》；中共中央党校出版社编，中共中央党校出版社1992年版《毛泽东思想宝库》；中共中央政策研究室党建组编，中共中央党校出版社1992年版《毛泽东邓小平论中国国情》；中共中央党校出版社1992年版《中共党史文献选编·新民主主义革命时期》；杨春贵等编，中共中央党校出版社1994年版《马克思主义著作选编》甲种本（上）；张静如主编，长春出版社1998年版《毛泽东研究全书》卷二；杨春贵等选编，中共中央党校出版社1994年8月版《马克思主义著作选编》乙种本；罗正楷主编，红旗出版社1996年版《中国共产党大典》；吴江雄主编，红旗出版社1997年版《中华政治家决策大典》；郝景泉主编，北京出版社2000年版《毛泽东思想概论文献选编》；教育部社会科学研究与思想政治工作司组编，人民出版社 2001年版《毛泽东思想基本著作选读》；中共中央党校教务部编，中共中央党校出版社2002年2月版《毛泽东著作选编》，收入的《分析》是选自1991年版《毛选》第一卷（纠正：书中写成了第二卷）；周全华主编，中山大学出版社2002年版《高校政治理论课参考文献》；段治文、孙音音主编，浙江大学出版社2002年版《毛泽东思想与现代中国·著作导读及历史案例》；何云坤主编，湖南人民出版社2002年版《马克思主义理论课经典著作选读》（选自人民出版社1991年版《毛泽东选集》第一卷，但写作日期为"1926年3月"）；中共中央统战部政策理论研究室、中央社会主义学院编，开明出版社1999年版《统一战线教学学习文献》；赵云献等总主编，光明日报出版社2001年版《2001年—2005年全国干部教育培训全书·毛泽东著作选读卷》；杨大明主编，甘肃人民出版社2002年版《马克思主义著作选读》（下）；彭国甫主编，湖南人民出版社2003年版《马克思主义理论课经典著作导读》（修订本）；汕头大学课题组编，汕头大学出版社2004年版《高校思想政治理论课学习指导》；胡传健主编，安徽大学出版社2004年版《马克思主义经典著作选编导读》（按：先原著，后导读）；苏志宏、李杰主编，四川大学出版社2004年版《马克思主义原著及重要文献选读》；景天魁主编，高等教育出